VOYAGES
DE FRANCE,
D'ESPAGNE, DE PORTUGAL,
ET D'ITALIE,

TOME QUATRIEME.

VOYAGES
DE FRANCE, D'ESPAGNE, DE PORTUGAL, ET D'ITALIE,

*PAR M. S****

TOME QUATRIEME.

A PARIS,

Chez MERLIN, rue de la Harpe, à l'Image Saint Joseph.

M. DCC. LXX.

Avec Approbation & Privilége du Roi.

RELATION D'UN VOYAGE, DE PARIS EN ITALIE, ESPAGNE ET PORTUGAL;

Du 22 Avril 1729, au 6 Février 1730.

DU ROYAUME D'ESPAGNE, ET DU CARACTERE DES ESPAGNOLS.

CET Article contiendra une Description fort sommaire des principaux endroits par où j'ai passé. On ne voit point en Espagne un aussi grand nombre d'antiquités, de morceaux d'Architecture, de Statues & de Tableaux, qu'en Italie.

Un tel Voyage ne devient intéressant, qu'autant que l'on s'applique à développer le caractere des Espagnols, & c'est ce que j'ai tâché de faire dans l'Article précédent.

J'entrai en Espagne le 31 Août 1729 : je passai par Girone, j'arrivai à Barcelone le 3 Septembre : j'y restai cinq jours. J'en partis pour aller à Valence : on passe par Tarragone & Tortose. De Valence j'allai à Alicant, à Murcie, à Cartagene, à Grenade, à Malaga, à Séville, à Cadix & à Badajos. Cette derniere Ville est sur la Frontiere d'Espagne du côté du Portugal. On y passe en allant à Lisbonne & en revenant. J'en partis le 4 Novembre, & j'y fus de retour le 17 du même mois. Le Voyage de Portugal fera un Article séparé. Avant que d'arriver à Madrid, j'ai passé par Tolede & par Aranjuès. Je partis de Madrid le 8 Décembre, & j'arrivai à

Saint-Jean-de-Lutz le 24. Je passai par l'Escurial, Saint-Ildefonse, Segovie, Valladolid, Burgos, Vinoria, Saint-Sébastien, le Passage & Fontarabie. Voilà la route que j'ai faite, & je serai très-succint dans le détail que j'en vais faire.

J'ai fait le Voyage d'Espagne avec des Muletiers qui conduisoient ma chaise, parce qu'il n'y a point de Poste pour les chaises. Les Muletiers d'Espagne soutiennent de longs Voyages, & sont d'un fort grand service. Il faut porter avec soi ses provisions, c'est une incommodité à laquelle il ne m'a pas beaucoup coûté de m'accommoder. Quand on a un peu d'attention, on ne manque de rien. Il est vrai que la plûpart des Voyageurs en Espagne, ou du moins de ceux qui ont donné des Relations de leurs Voyages, paroissent les avoir écrites dans une misérable Hôtellerie, où la mauvaiſe humeur les a pris, & que leur mauvaiſe humeur a paſſé juſques dans les Mémoires qu'ils nous ont donnés. Les Hôtelleries s'appellent Poſades : ſi elles ſont au milieu de la campagne, on les appelle Ventes. On ne trouve dans les Poſades ni pain, ni vin, ni viande : on s'adreſſe au Maître de la Poſade, & il répond qu'on en trouvera. S'il eſt de bonne humeur, on l'engage d'en aller acheter, ou bien il faut y envoyer ſon Domeſtique, ou y aller ſoi-même. Le prix de chaque choſe eſt réglé, & l'on ne peut être trompé. On trouve très-rarement des couverts & des ſerviettes. Il eſt certain qu'à enviſager les choſes de cette maniere, rien n'eſt plus triſte qu'un voyage d'Eſpagne, & rien n'eſt plus capable de mettre de mauvaiſe humeur; mais auſſi rien n'eſt plus facile que de prévenir toutes ces incommodités, je parle des perſonnes qui voyagent avec aiſance.

On a une Chaiſe, deux Mulets & le Muletier, pour ſix francs par jour, monnoye de France. Les journées ordinaires ſont d'environ dix lieues, à une lieue par heure : deux Mulets tirent une chaiſe & deux perſonnes dedans. On n'a qu'à ſe faire ſuivre par deux autres Mulets qui tireront le train ordinaire d'une chaiſe. Sur ce train on y mettra une partie de ſes hardes, celles qui n'auroient pas pû tenir derriere la chaiſe & ſon lit. Les matelats qu'on trouve dans les Poſades ſont fort mauvais, ce n'eſt autre choſe qu'un grand ſac rempli de laine, telle qu'on la prend ſur le corps du Mouton. Une couple de tels matelats, & ſon matelas par-deſſus, feront un fort bon lit pour un Voyageur. Il faut porter ſa proviſion de pain, & la renouveller dans toutes les grandes Villes. Le pain que l'on trouve dans les Villages étant comme de la pâte, & fort mauvais & fort lourd ; au lieu que dans les grandes Villes on achete du pain François, & en lui donnant une double cuisson, il se conserve à merveille pendant une dixaine de jours. Il faut aussi avoir sa provision de vin, parce que dans tous les endroits il n'est pas également bon, néanmoins en général il est fort passable. On trouve presque par-tout des Poulets ; on en peut acheter, & les faire tuer pour les manger le lendemain. On trouve aussi beaucoup de gibier ; le Mouton est d'une très-grande délicatesse : on en peut faire sa provision pour deux jours, & même pour trois, ayant soin de le faire cuire, on trouve par-tout des œufs, & c'est une grande ressource. Il faut porter son couvert, son gobelet, ses serviettes, une petite broche (car il y a quelques Posades où il n'y en a point). si on ne veut pas se passer de souper. Il faut, ou ne manger que des soupes à l'oignon, qui peuvent ſe faire dans le moment qu'on arrive, ou bien il faut avoir une de ces marmites qui ferment exactement. On la met au feu le ſoir en arrivant, & on fait la ſoupe pour le lendemain à midi. On trouve dans quelques endroits de très-excellens jambons. Il faut, lorſque l'on n'a point de Cuiſinier, que le Domeſtique que l'on a, ſoit capable de faire de la ſoupe, & de trouſſer un poulet. De cette maniere, l'on ne regrette point les Auberges de France : comme l'on ne compte ſur rien, on ne ſe trouve jamais manquer de rien. La dépenſe n'eſt pas fort conſidérable. Un Maître de Poſade ſe contente d'un ou de deux réaux de plate pour l'uſage que vous avez fait de ſa Maiſon. Dans les voyages en Eſpagne les voleurs ſont à craindre. Il y en a cependant beaucoup moins qu'il n'y en avoit autrefois. L'on obtient facilement une eſcorte de

Cavaliers, & pour les endroits où il n'y en a point, des ordres aux Juſtices de donner pour eſcorte des hommes de la Communauté, & de fournir, s'il eſt néceſſaire, des Mules pour le même prix que pour le ſervice du Roi. L'on ne doit pas négliger de ſe pourvoir de toutes ces facilités. On ne doit rien payer pour les Eſcortes, mais on les gratifie de quelques pieces d'argent.

La Jonquiere eſt le premier Village de la Catalogne, à trois quarts de lieue de laÄttereſſe de Bellegarde : il y avoit un détachement des Grenadiers du Régiment de Sagunte, Dragons, & un Lieutenant. Je lui montrai mon Paſſeport de France : j'en reçus beaucoup d'honnêtetés & de politeſſes. Ce Détachement ſert particuliérement à arrêter les Déſerteurs. Je dois marquer que la plûpart des Soldats François, qui ſervent dans les Troupes du Roi d'Eſpagne, regrettent beauçoup d'avoir abandonné leur Patrie, & que, pour empêcher leur désertion, on paye très-libéralement les Paysans qui peuvent les arrêter & les saisir dans le passage des Montagnes : s'ils sont pris, ils sont pendus, à moins qu'ils ne se sauvent dans quelqu'Eglise. L'immunité a lieu en Espagne, comme en Italie, & c'est un abus qu'il faut joindre aux autres que j'ai déja marqués. Ces deux Nations, qui se piquent plus que les autres d'avoir beaucoup de religion, sont celles qui en abusent le plus.

De la Jonquiere on va à Figuiere, petite Ville, autrefois considérable du tems des Comtes de Barcelone. Avant que d'arriver à Figuiere, & entre Figuiere & Girone on traverse un Pays très-fertile & très-bien cultivé, les hayes qui bordent les chemins sont communément de Grenadiers, & les passans en cueillent les fruits. On passe, ſion des rivieres, mais les lits de pluſieurs torrens, qui dans le tems des grandes pluyes, ou de la fonte des neiges, arrêtent les Voyageurs. Il y avoit à Figuieres quatre Compagnies de Dragons. Il n'y a gueres en Eſpagne que la différence du nom entre les Cavaliers & les Dragons, les uns n'étant pas plus haut montés que les autres, & en général les chevaux d'Eſpagne ne ſont pas fort hauts. L'on voit quelquefois entre les jambes d'un Cavalier Eſpagnol un cheval qui ne déshonoreroit point un Colonel François. Il n'y a gueres d'autres chevaux en Eſpagne que ceux qui ſont pour l'uſage de la Cavalerie, parce que les Particuliers ſe ſervent communément de Mules & de Mulets qui réſiſtent plus à la fatigue. Il y a dans chaque Régiment une Caiſſe pour l'achat des chevaux, & quand on a beſoin de faire des remontes, on envoie un Officier connoiſſeur en Andalouſie, qui y achete des poulains de trois ou quatre ans, ſur le pied de quatre à cinq cens livres, évaluation en monnoye de France : ces chevaux ſont ménagés pendant quelque tems, & tel cheval qui réuſſit, double ſa valeur. La nourriture des chevaux & des mulets eſt de l'orge, au lieu d'avoine, & de la paille hachée; mais c'eſt une paille préférable au foin par ſa délicateſſe, & même par ſon ſuc. L'Eſpagnol eſt, généralement parlant, plus hardi que le François. Les chevaux ſont entiers, fougueux, & vigoureux. Leur légéreté eſt ſi grande, ſurtout celle des chevaux d'Andalouſie, que pluſieurs Auteurs ont cru ne pouvoir l'exprimer, qu'en diſant que les jumens y conçoivent par le ſouffle du vent. La Cavalerie Eſpagnole eſt ſur-tout excellente dans les Pays Hauts & Bas. Leurs chevaux, légers & faciles à retourner, réuſſiſſent mieux que ceux des autres Nations. Si le Cavalier Espagnol m'a paru plus ferme à cheval que le Cavalier François, il y a une grande différence sur ce même article de la Noblesse de France, à la Noblesse d'Espagne. Les Espagnols ont leurs étriers fort courts, ils font piaffer leurs chevaux, & c'est-là que se termine leur science : ils ne sçavent ni régler ni assujettir un cheval. Ils ne seroient pas même capables de connoître la délicatesse des mouvemens dans un cheval dressé ; je ne parle point de leur peu de bonne grace.

Gironne est une Ville médiocrement grande : elle est partagée en deux par une petite riviere nommée Ouhar. La Ville est fortifiée, mais elle est commandée de toutes parts, & sur ces hauteurs on a construit cinq ou six fortins, en sorte que soit pour défendre la Ville, soit pour défendre les forts, il faut quatre ou cinq mille hommes. Ces forts rendent la Place d'une attaque fort difficile. Le Duc de Noailles, commandant les Troupes Françoises, la prit pour le Roi Philippe V, le 23 Janvier 1711, sur les Rebelles d'Espagne. Saint Narcisse est le patron de la Ville, on y conserve ses Reliques dans une Eglise qui porte le nom de ce Saint. On ne doit pas négliger de voir la Cathédrale dédiée à la sainte Vierge ; on y monte par un grand escalier. Le Maître-Autel est un des plus riches qu'il y ait dans la Chrétienté, soit pour l'argent, soit pour les pierreries dont il est orné. Un Historiographe Royal a dit dans l'Histoire qu'il a faite de Gironne, » que » l'Autel est si riche & si précieux, que » celui qui ne l'aura point vu, quel- » qu'idée qu'il s'en fasse, avouera en » le voyant, que l'idée qu'il s'en étoit » formée est beaucoup inférieure à la

» réalité «. C'eſt le défaut des Eſpagnols de rendre les belles choſes incroyables en les exagérant.

Barcelone eſt une des plus riches & des plus belles Villes d'Eſpagne : elle eſt ſituée le long du rivage de la Mer, à l'extrémité d'une plaine fertile. Les rues ſont propres, ce qui eſt rare en Eſpagne. Il y a dans cette Ville pluſieurs maiſons aſſez bien bâties. La plus belle eſt celle de la députation. C'eſt un Palais où ſe rend la Juſtice ſouveraine de la Province, & où s'aſſembloient autrefois les Etats de Catalogne. Le rempart, qui eſt le long du rivage de la Mer eſt planté & forme une allée : c'eſt dans cet endroit, & dans un autre, qui eſt dans la partie la plus intérieure de la Ville, & qu'on appelle la Rampe, que l'on fait le Cours. J'avois des Lettres de recommandation pour M. Sartine, Intendant de Catalogne : il me donna des lettres pour ses Subdélégués dans tous les endroits où je devois passer, & pour le Prince de Campo-Florido, Capitaine Général du Royaume de Valence. Le titre de Capitaine Général répond à celui de Gouverneur de Province. M. le Marquis de Richibourg Flamand, qui l'est dans la Catalogne, me donna un Passeport avec un ordre d'escorte. Je reçus mille accueils de ce Seigneur. Il est fort aimé & fort estimé du Militaire, il remplit son poste avec dignité, & comme il fait bonne & prompte Justice, ce qui n'est commun, ni en Espagne, ni chez la plûpart des Nations qui reprochent ce défaut aux Espagnols, les Catalans sont soumis & chacun fait son devoir.

J'ai remarqué que dans la plûpart des Relations de Barcelone, il est dit que le Port est profond & fort sûr : c'est précisément tout le contraire. Il y a véritablement un mole de cinq ou six cens pas, au bout duquel il y a un fanal & un petit fort ; mais le Port reste exposé au vent du Sud qui est le plus orageux. L'Obrégat, qui se décharge dans la Mer assez près de Barcelone, entraîne avec elle une grande quantité de sables que les flots de la Mer ou les courans renvoyent dans le Port en si grande quantité, qu'on y voit quelquefois des bancs de sable à fleur d'eau. Deux machines qui travaillent continuellement pour le vuider, ne peuvent quelquefois dans trois mois réparer le tort qu'a fait un seul jour, & lorsque je me trouvai à Barcelone, il ne pouvoit entrer dans le Port que des Tartanes : la Rade est fort mauvaise, & fort peu sûre.

Il y a une Darsenne où l'on a construit des Galeres, & où l'on en peut construire. Les bois qu'on destine à leur construction sont dans des fossés remplis

plis d'eau de la Mer, pour le rendre plus dur, & plus durable. Il y a auſſi une fonderie & un Arſenal, où il y a des armes en bon état pour quinze mille hommes. C'eſt le plus conſidérable qu'il y ait en Eſpagne, & le ſeul qui mérite d'être vu.

Les fortifications de Barcelonne méritent une deſcription particuliere, c'eſt non-ſeulement une Ville de Commerce, mais encore une Ville de guerre fameuſe par ſes rébellions & par les ſiéges qu'elle a ſoutenus. La Ville eſt défendue par divers baſtions, par des remparts hauts & ſpacieux, & par de profonds foſſés. Montjoui eſt une haute Montagne qui s'éleve au Sud-Oueſt de la Ville. Au ſommet de cette Montagne eſt une Fortereſſe qui domine le Port, la Ville & la campagne ; mais elle eſt trop élevée pour les défendre ou les incommoder. On a été obligé de conſtruire dans la campagne vers le Nord de la Ville une Citadelle. Cette Citadelle est composée de cinq bastions. Le système de la fortification m'a paru fort bien entendu. Sur les deux bastions tournés du côté de la Ville s'élevent des cavaliers qui la commandent, & d'où on pourroit la détruire en vingt-quatre heures. Une telle Citadelle est nécessaire pour tenir les Barcelonois souples & fidèles. Il y a dans la Citadelle deux corps de casernes pour loger deux bataillons de six cens cinquante hommes; on en doit construire deux autres pareils, & un autre pour y pouvoir loger un ou deux escadrons de cavalerie. Il n'y a que deux puits dont l'eau n'est pas trop bonne, & il n'est pas aisé d'y faire des citernes à cause du voisinage de la Mer. Les parapets sont revêtus de maçonnerie; & comme on s'étoit pressé de les construire, sans attendre que les terres fussent affaissées, le revêtement est fendu en une infinité d'endroits, & pour le bien réparer, il faudroit presque le refaire à neuf. Cette Citadelle communique à un petit Fort qui est sur le bord de la Mer, & qui s'appelle le Fort Carlos. Ce n'est, à proprement parler, qu'un ouvrage à corne avancé. Il est bien situé, & étoit nécessaire. Je pense bien différemment d'un autre Fortin qui est dans l'intérieur des terres, à l'Ouest de la Citadelle, & à la portée du canon; il s'appelle le Fort Pio. Il y avoit dans cet endroit une très-petite élévation, & il auroit été plus facile & moins coûteux de la mettre au niveau de la campagne, que d'y construire un ouvrage qui n'est pas d'une grande résistance: cet ouvrage enlevé sera très-propre pour y dresser des batteries de canon contre la Citadelle. Toutes ces fortifications de la Citadelle du Fort Carlos & du Fort

Pio, ſont nouvelles, conſtruites depuis la paix, & par conſéquent inconnues aux Officiers François : il n'en eſt pas de même de la plûpart des autres Places de la Catalogne, qu'ils n'ont que trop appris à connoître par de ſanglantes expériences.

Dans la premiere journée que l'on fait en ſortant de Barcelone ; on paſſe & on repaſſe une vingtaine de fois l'Obregat à gué, & pour peu qu'il ait plu, cette Riviere groſſit, & n'eſt plus guéable. Le deuxieme jour j'arrivai à Tarragone : le Pays que l'on traverſe eſt fort mêlé : il eſt beau au ſortir de Barcelone, vilain le long de l'Obregat, médiocre & mauvais le long de la Mer, fort beau du côté de Tarragone. Quatre lieues au-delà de cette Ville, on traverſe en allant à Tortoſe une eſpece de grand Deſert : le paſſage en eſt dangereux à cauſe des voleurs, & l'on doubla l'eſcorte qui m'accompagnoit d'ordinaire. Aux environs de Tortoſe, le long de l'Elbre, le Pays eſt très-riche & très-fertile. Cette Ville eſt la derniere de la Catalogne du côté du Royaume de Valence.

Il n'y a rien de ſingulier à Tarragone. Cette Ville, comme une infinité d'autres, étoit autrefois beaucoup plus conſidérable qu'elle ne l'eſt aujourd'hui. L'Archevêché eſt fort ancien, & ne reconnoît pas la Primatie de celui de Tolede. Les fortifications ſont entiérement négligées, & ne méritent pas qu'on les entretienne. La Ville eſt peu éloignée de la Mer : il n'y a point de Port, c'eſt une Plage où il y a quelques pauvres maiſons & quelques bateaux de Pêcheurs.

Tortoſe eſt ſituée ſur l'Ebre, & il y remonte quelques petites Barques de la Mer. La Ville eſt très-bien fortifiée, mais les fortifications ne ſont pas bien entretenues, & ont le même défaut que j'ai déja remarqué au ſujet de pluſieurs autres, c'eſt qu'il faut un grand nombre de Soldats pour les défendre. On ſort de la Ville par un grand Pont de bateaux, dont la tête eſt défendue de deux demi baſtions, & de quelques autres ouvrages. On voit à la Cathédrale une très-riche & une très-belle Chapelle revêtue de marbre, & ornée de peintures, le tout d'un très-bon goût. Il y a dans la Sacriſtie un tréſor remarquable par les Reliques & les Vaſes d'or & d'argent qu'il renferme. On ne voit guères en Catalogne que des Egliſes d'un goût gothique.

L'Ebre eſt navigable depuis Tortoſe juſqu'à la Mer, & forme à ſon embouchure un Port très-sûr & très-vaſte. Cet endroit s'appelle les Alfagis. Je ne l'ai point vu, mais ce que j'en dis, je l'avance ſur le rapport d'un Eſpagnol, qui a été en même-tems Intendant du Royaume d'Arragon, de la Catalogne, & du Royaume de Valence. Une autre Nation que l'Eſpagnol, perfectionneroit un auſſi beau Port formé par la Nature, d'autant plus que les Eſpagnols n'ont pas un ſeul bon Port ſur la Méditerranée : ſa ſituation à l'embouchure de l'Ebre, entre la Catalogne & le Royaume de Valence, le rend très-propre pour le commerce. Il ſeroit trè-aiſé de rendre l'Ebre navigable, & par-là de lui ouvrir un paſſage de communication avec l'Arragon, & même la Navarre. Les Eſpagnols l'ont déja tenté. On voit des digues qui ont été faites : les Ecluſes manquent. L'entrepriſe n'a pas été conduite à ſa perfection par la connivence des Entrepreneurs avec ceux qui les employoient. Il y a cependant quelques petits bateaux qui deſcendent l'Ebre ;

quand le Batelier eſt arrivé à un de ces batardeaux, il décharge ſon bateau, & le laiſſe aller au courant de l'eau : Il le ratrape enſuite, lorſqu'il a paſſé le batardeau, le recharge, & continue ſon voyage. J'ai vu à Tortoſe des bois propres pour la conſtruction des bateaux, qui étoient venus par l'Ebre & l'Arragon de la Navarre. Il y a des Ateliers dreſſés où des Charpentiers travaillent à leur donner une premiere forme : j'ai même remarqué que les haches dont ils ſe ſervent, ſont beaucoup plus fortes que les haches ordinaires, & ſont d'une trempe excellente. Ces bois ſont enſuite tranſportés à Cadix pour ſervir à la conſtruction des Vaiſſeaux du Roi. Une Ville conſtruite dans les Alfagis ſeroit propre pour y établir un commerce floriſſant, & une puiſſante Marine, & l'on en ſera perſuadé, pour peu qu'on faſſe de réflexion ſur ce que j'ai remarqué, de la ſituation du lieu, & ſur ce que je vais dire du caractere des Catalans.

Les Catalans ſont les meilleurs Ouvriers de toute l'Eſpagne : ils ſont actifs & adroits. Barcelone peut être regardée, par rapport à l'Eſpagne, comme Paris par rapport à la France : c'eſt dans Barcelone que l'on fait la plus grande partie des habillemens des Troupes & de Livrées. Il y a quantité d'Orfevres, & toutes ſortes d'Ouvriers. Les Catalans ne ſont pas moins bons Mariniers que bons Artiſans. Cette Province, qui eſt la plus peuplée de l'Eſpagne, peut ſeule avec la Biſcaye, fournir ſuffiſamment de Matelots pour faire fleurir la Marine en Eſpagne, & ces Matelots ne le céderoient à ceux d'aucune autre Nation. Les Biſcayens font aſſez voir leur adreſſe & leur intrépidité dans la pêche de la Baleine : car la plûpart des Matelots que les Barques employent dans cette pêche ſont Biſcayens, & ce ſont les plus braves. Les Catalans vont dans de très-petites Felouques faire la pêche du Corail ſur les côtes de la Provence & de la Sardaigne, & ils y réuſſiſſent mieux que les Provençaux; l'intrépidité & le courage des Catalans s'eſt fait connoître ſurtout dans les dernieres guerres civiles. Ils ont eu de tout tems quelqu'antipathie pour les Caſtillans, & ont eu de la peine à ſupporter le joug de leur Roi. Lorſqu'ils furent abandonnés de l'Archiduc, devenu Empereur, ils continuerent la guerre en leur nom particulier, ſe qualifians du titre de République, dont ils eſpéroient introduire la forme dans leur Gouvernement. Les Moines & les Eccléſiaſtiques étoient les plus opiniâtres, & couroient dans Barcelone de rue en rue comme des frénétiques, pour inſpirer à la populace la fureur dont ils étoient tranſportés. Les Barcelonnois, pour faire comprendre l'excès de leur rage, & la résolution désespérée qu'ils avoient prise de se défendre jusqu'à la derniere goutte de leur sang, firent peindre une tête de mort au milieu d'un Drapeau qu'ils planterent sur la breche. Ils vouloient faire entendre par ce symbole qu'ils ne demandoient point de quartier, & qu'ils n'en vouloient point faire. Ce siege fut un des plus opiniâtres & des plus meurtriers qui aient été faits. Les Habitans furent enfin obligés de se rendre à discrétion, la vie sauve, on les a dépouillés de tous leurs priviléges, on les a désarmés & accablés d'impôts. Toute la Province est remplie de Soldats. Quand j'y suis passé il y avoit plus de vingt-cinq mille hommes. La maniere de lever les impôts est extraordinaire : on donne pour solde aux Soldats des billets dont ils doivent être payés par les Villages, & ils y vivent aux dépens de la Communauté, jusqu'à ce qu'ils soient payés. Les Catalans n'attendent que l'occasion d'une nouvelle révolte : quoiqu'opprimés, ils ont toujours un air déterminé, un regard hardi & assuré, & les Paysans ressemblent à autant de Grenadiers déserteurs. Les Miquelets qui ont tant fait parler d'eux, sont les Paysans des Montagnes.

La Catalogne faisoit autrefois partie du Royaume d'Arragon. Les Catalans, dit un Historien critique, » qui ont tou-» jours eu beaucoup de valeur, & qui » en qualité de Peuples belliqueux n'a-» voient pas été moins inquiets que » courageux, devinrent la force & le » soutien de l'Arragon. La fertilité de » la Catalogne, le caractere laborieux » de ses Peuples, la situation avanta-» geuse sur les Côtes de la mer, l'ont » mis en état d'acquérir des richesses » & de faire prospérer ensuite le Royau-

» me auquel elle fut unie ; mais le gé-
» nie de ses Peuples, aussi-bien que ce-
» lui des Arragonois, ne leur permit pas
» de goûter tranquillement le fruit de
» leur industrie. Il leur fallut des guer-
» res au dehors, ou des troubles au de-
» dans, & ils eurent quelquefois l'un &
» l'autre ; car ce Royaume est celui de
» toute l'Espagne qui a éprouvé de plus
» grandes révolutions, & celles qui sont
» arrivées dans ces derniers tems leur
» ont été fatales, par la suppression des
» plus beaux de leurs priviléges, qui
» faisoient voir que quand ils se choi-
» sissoient des Rois, c'étoit plutôt com-
» me Chefs d'un Etat libre, que comme
» Maîtres d'un Peuple assujetti, qu'ils
» étoient proclamés. Ce n'est point à
» dire que le Royaume ne fût hérédi-
» taire, mais on vouloit, dans leur ins-
» tallation, empêcher les Rois d'oublier
» qu'ils n'étoient Chefs que pour pro-
» curer le bien & l'avantage de leurs

» Sujets, ou pour mieux dire, c'étoit » pour leur apprendre qu'ils étoient ou » qu'ils devoient être les peres, & non » pas les tyrans de leurs Peuples. Cette » formule d'élection, quoiqu'abolie de-» puis long-tems, est trop singuliere pour » ne la pas mettre ici. Nous, qui va-» lons autant que vous, & qui pouvons » plus que vous, nous vous élisons Roi, » à condition que vous garderez nos » priviléges & nos franchises, autre-» ment non. Mais cette forme de ser-» ment étoit un vieux reste de la li-» berté originaire des Peuples dont ils » se contentoient dans la spéculation, » sans en venir jamais à la pratique, » quelque mal que gouvernassent les » Rois : jamais les Sujets des Royau-» mes successifs ou héréditaires, n'ayant » eu d'autorité légitime d'agir contre » leurs Souverains. L'Arragon est le » Royaume de toute l'Espagne qui a les » Histoires les plus exactes, soit His-

» toires générales, soit Histoires parti-» culieres, sur-tout si l'on y joint la » Catalogne...... Le Zurita, le plus » grand Historien que l'Arragon ait pro-» duit, ne convient qu'aux Naturels » du Pays, que le goût ou la nécessité » engage à étudier dans un grand dé-» tail l'Histoire de ce Royaume «. Zurita m'a paru mériter plus d'estime que n'en fait le Critique que j'ai cité. Antoine Desolio qui, par l'Histoire qu'il a composée de la conquête du Mexique, s'est montré non-seulement capable de juger d'un Historien, mais encore digne d'être proposé comme modèle, en porte un jugement plus avantageux : » Eam » est laudem in scribendo consecutus, ut » eloquentiâ lacteâque copiâ Hispano-» rum Livius, prudentiâ Tacitus, acu-» mine Salustius, quidam vel Thucidi-» des esse videatur «. Ces paroles ne sont pas aisées à traduire. Solis nous fait comprendre que Zurita a réuni l'éloquente fécondité de Tite-Live, la politique de Tacite, l'esprit vif & la sagacité de Saluste & de Thucidide. Ce jugement sur Zurita est dans une lettre de Solis rapportée dans ses propres termes dans l'Histoire d'Arragon, Ouvrage composé par Ustarros & Diegue Dormer, Auteurs estimés, qui ont travaillé à donner la continuation des Annales de Zurita. Le Royaume de Valence est entrecoupé de plaines & de montagnes. La partie la plus enfoncée dans les terres est remplie de montagnes arides, celle qui est le long des côtes étoit autrefois fort exposée aux descentes des Corsaires : Charles-Quint y fit bâtir d'espace en espace des Tours où il y a une sentinelle qui, dès qu'il apperçoit quelque vaisseau suspect, en avertit les Villages d'alentour par les feux qu'il allume, & les habitans se mettent

mettent en état de n'être point insultés. L'air y est si doux & si tempéré, qu'on y jouit presque d'un Printems perpetuel. La grande quantité de rivieres & de ruisseaux dont elle est arrosée, la rend extrêmement fertile, particulierement en vin & en fruits. On y recueille aussi du ris, du lin fort précieux, de la soie, du miel, & même du sucre, il y a beaucoup de ce jonc que les François appellent jonc d'Espagne, & qui sert à faire des cordes & des nattes. Il y croît une sorte d'arbres qui portent des espéces de féves qui sont excellentes pour la nourriture des chevaux & des mulets. Ces arbres s'appellent Garouffiers. Le pays est si peuplé que dans ces belles & riches pleines on rencontre, d'une demie lieue à l'autre, une Ville, un Bourg, ou un Village, où l'on voit devant les maisons des troupes de femmes & d'enfans occupés à filer de la soie. Les principaux endroits par où j'ai passé, sont, en les nommant, dans l'ordre de ma route, Venecarlos, Peniscola, Morviedro, Valence, Xativa ou Saint Philippe, Leche, & Orignéla.

Venecarlos est un joli Bourg, peu éloigné de la mer. Le terroir de ses environs est très-fertile en vignobles, & les Anglois y viennent tous les ans charger de vin plusieurs Vaisseaux. Peniscola est un peu hors du chemin. C'est une forteresse située très-avantageusement sur un rocher entouré de la mer, excepté d'un côté, où il est joint au continent par une langue de terre. Cette forteresse est imprenable. Ce qu'on y voit de singulier, c'est une très-grosse fontaine d'une eau très-belle & fort saine qui sort du vif du Rocher. C'est une des choses les plus singulieres que j'aie vues dans le cours de mon voyage. Morviedo est l'ancienne Sagunte, éloignée de Valence de quatre lieues. On voit parmi les décombres d'un Château, qui eſt ſur une hauteur au-deſſus de la Ville, des pierres où il y a des inſcriptions antiques du tems des Romains. Une partie de ces inſcriptions eſt rapportée dans l'Hiſtoire de Valence par Gaſpard Eſcolano, en deux volumes *in-folio*. On y voit les reſtes d'un vieux amphitéatre, & il eſt étonnant comment il s'eſt conſervé quelque choſe à travers tant de ſiécles. Un curieux qui feroit fouiller & chercher dans ces maſures trouveroit ſurement des inſcriptions qui n'ont point été rapportées, il pourroit auſſi y trouver des Médailles : ce ne ſeroit pas pour la premiere fois. Du haut de ce Château on découvre la Mer & toute la plaine juſqu'à Valence, c'eſt aſſûrement une des plus belles vues qu'il y ait en Europe. La campagne aux environs de la Ville de Valence eſt plantée de mûriers.. Au-dessous de ces mûriers on seme divers grains : elle est coupée & traversée de ruisseaux & de canaux qui entretiennent la fertilité des terres. La nature semble y avoir répandu ses dons à pleines mains, & cette campagne, en un mot, est plus riche que les plus fertiles de Lombardie. La Ville de Valence est située à une petite lieue de la Mer, au bord du Guadalaviar. C'est de cette riviere que l'on tire de l'eau pour l'entretien des canaux par le moyen de plusieurs digues ou batardeaux : comme elle est sujette aux débordemens, elle est revétue de Quais qui en empêchent les désordres. L'abord de la Ville est fort agréable ; on a la riviere à droite qui passe sous cinq beaux ponts de pierre à plusieurs arches. Les maisons qui sont sur la gauche sont très-belles, & parmi ces maisons est celle du Capitaine général ou Gouverneur de la Province. On passe sur un de ces Ponts, & on entre dans la Ville, qui est fermée de murailles assez propres, mais qui ne sont point de résistance. Il y a plusieurs belles Eglises bâties dans un goût moderne, mais trop chargées d'ornemens : c'est également le défaut des Espagnols dans les ouvrages de Littérature, comme dans ceux d'Architecture. La Ville n'est pas pavée, en sorte qu'on est incommodé de la poussiere ou de la boue : il n'y en a guères où il n'y ait un canal voûté : c'est dans ces canaux que se rendent toutes les immondices de la Ville, ce qui en rend ensuite l'eau plus propre à engraisser & fortifier les terres. Il y a de belles allées sur le chemin de Valence à la Mer, c'est dans ces allées que se fait le cours ; elles sont d'un quart de lieues de long. La Grace de Valence est un Bourg fermé où il y a une garnison de Suisses. Il y a un baftion ſur lequel il y a des canons, qui regardent la plage de la mer : c'eſt dans cet endroit que ſe fait le chargement & déchargement des vaiſſeaux pour le commerce de Valence, qui conſiſte en fruits & en ſoyes ; il y a des magaſins pour la ſûreté des marchandiſes. La rade eſt fort expoſée, on tire à terre les petites barques : les vaiſſeaux n'ont d'autre ſûreté qu'en leurs ancres & leurs cables, le fonds étant de tenue en quelques endroits. Ce Bourg eſt éloigné de la Ville de Valence d'une lieue : la beauté du lieu, les agrémens de la ſituation, la fertilité du terroir, la douceur de l'air & le voiſinage de la mer, toutes ces choſes enſemble font que Valence eſt habitée par la plus grande Nobleſſe du Royaume, & par un très-grand nombre de Marchands, qui y font fleurir le Commerce. L'Univerſité y eſt fameuſe, & y attire des gens d'étude.

Le territoire de Saint Philippe eſt particulierement abondant en ris & en lin. Les abords de la Ville d'Alicant ſont fort ſtériles : à deux lieues de la Ville du côté du Nord, il y a une très-belle plaine, & c'eſt dans ſes productions & dans le Commerce que conſiſtent les richeſſes d'Alicant. Pour parler exactement il n'y a pas de Port, mais il y a une Rade fort bonne & un petit mole, qui avance dans la mer, uniquement pour faciliter l'embarquement des marchandiſes. C'eſt par Alicant que ſe fait le commerce de Madrid pour la Méditerranée, comme il ſe fait à Bilbao pour l'Océan. Il y a une infinité de charrettes à quatre roues, qu'on appelle galeres, qui vont & reviennent continuellement de Madrid. Le bon vin d'Alicant n'eſt pas commun. Pour qu'il ſoit excellent, il faut qu'il ait douze ou quinze ans, & comme depuis les dernieres guerres, les peuples ne ſont point à leur aiſe, il eſt bien rare qu'on conſerve du vin pendant un auſſi long tems. A côté de la Ville ſur le haut d'une Montagne eſt un Château imprenable, muni d'artillerie & de caſſemates à l'épreuve de la bombe. Ce Château eſt trop élevé, en ſorte qu'il n'eſt propre à défendre ni la Ville, ni la campagne. De ce Château l'on découvre toute la Ville. Les toîts de la plûpart des maiſons ſont plats en forme de terraſſe, ce qu'on appelle dans ce Pays à la Moreſque. Ce Château ayant été aſſiégé dans le tems de la guerre de la ſucceſſion d'Eſpagne, on y fit une mine où l'on mit douze cens quintaux de poudre. On prétendoit faire ſauter toute la montagne, mais on n'en fit ſauter qu'une très-petite partie, ce qui l'a rendue encore plus eſcarpée qu'elle n'étoit auparavant. Dans de ſi hautes montagnes, il y a toujours des vuides

& des crevaſſes, qui empêchent l'effet des mines : cependant l'effet de la poudre fut ſi prodigieux, & le mouvement qu'il produiſit fut ſi violent, que tous ceux qui étoient dans le Château furent vingt-quatre heures ſans pouvoir ſe remuer, en ſorte que ſi dans cet intervalle on eut envoyé douze Grenadiers avec des pétards pour faire ſauter les portes, ils s'en ſeroient emparés, ſans trouver aucune réſiſtance. Le chemin d'Alicant à Leche ſe fait au travers d'un Pays aride & ſtérile : les abords ſont très-fertiles, & particulierement en palmiers : les Dattes qu'ils produiſent ne ſont pas auſſi bonnes que celles de Barbarie : la plaine d'Orignéla eſt très. fertile en bled : c'eſt un gros Bourg, le dernier du Royaume de Valence.

Je ne dois pas oublier, avant que de paſſer à la deſcription du Royaume de Murcie, de parler d'une médaille trouvée à Moviedro, & dont l'empreinte se trouve dans l'Histoire de Valence par Gaspard Escolano. Il y a les trois quarts de cette Histoire d'inutile ou de faux: elle commence dès avant le déluge: un Critique malin qui feroit l'extrait de ce livre pourroit, à peu de frais, rendre les Espagnols ridicules. Il y a dans cette Histoire une assez ample description du Royaume de Valence. Ce qu'il y a de plus utile, c'est que beaucoup d'anciennes inscriptions y sont rapportées. La médaille trouvée à Moviedro représente d'un côté une corne d'abondance & une poignée de fleches passées en sautoir, pour inscription *Valentia*. La corne d'abondance marque la fertilité de la terre, & les fléches la bravoure des habitans: on prétend que le mot de Valence doit son origine à leur vaillance. Je remarquerai ici, qu'autrefois les Valenciens se battoient très-fréquemment en duel, mais que depuis qu'on leur a défendu les duels, les assassinats sont devenus fréquens. Les Valenciens ont la mauvaise réputation de ne se pas faire un grand scrupule de prêter leurs mains à l'exécution de semblables attentats. Le revers de la médaille est une tête armée d'un casque aîlé, avec cette inscription. C. Lucien. C. Muni. Q. c'est-à-dire, *Caio Lucieno*, *Caio Munio Questoribus*. Escolan croit que c'est la tête d'une femme, qu'elle représente la Province de Valence, & que le casque est un symbole de la valeur de ses Peuples. Je croirois plutôt que c'est Rome que l'on représente un casque sur la tête, & que l'on voit fort souvent sur le revers des Médailles de cette nature. C'est peut-être aussi Mercure que l'on représente avec un visage jeune : la figure du casque, qui n'est pas réguliere, & qui ressemble assez à un bonnet, & l'aîle attachée au casque me le font conjecturer. La Médaille est frappée en l'honneur de deux Questeurs, & Mercure, parmi ses différens emplois, avoit celui de présider à la finance. Ces explications sont plus simples & plus naturelles que celles d'Escolan, & c'est peut-être par cette raison qu'il ne les aura point adoptées ; car les Espagnols aiment le merveilleux. Leurs Auteurs sçavent rapprocher avec beaucoup d'art à l'objet particulier de leur travail, des traits qui en paroissent fort éloignés.

Murcie est à trois lieues des frontieres du Royaume de Valence : cette Ville est située au milieu d'une plaine délicieuse, au bord de la riviere de Segura.

L'Eglise Cathédrale est d'une construction fort solide & assez belle. On remarque sur les murailles en dehors de l'Eglise une chaîne de pierres faite avec beaucoup d'art : François Cascalés a fait l'hiſtoire & la deſcription de Murcie en un volume *in-folio*. La partie où cet Auteur a le mieux réuſſi, c'eſt dans celle qui conſiſte à faire connoître la Nobleſſe du Pays. Il s'étend aſſez ſur les priviléges accordés par les Rois d'Eſpagne à la Ville de Murcie. Dans la deſcription qu'il fait de la campagne qui environne cette Ville, & de ſes productions, il parle beaucoup des mûriers & des Vers à ſoye. Il fait une remarque ſur l'origine du mot Latin, *Serica*, par lequel on entend communément de la Soye. Il prétend que cette expreſſion eſt impropre, & qu'on ne doit employer que *Seta*; que Sérica étoit une eſpéce de laine très-déliée qui ſe prenoit ſur les arbres dans le Pays des Sers, peuples de l'Aſie, & il rapporte à ce ſujet l'autorité de Juſte Lipſe dans les remarques ſur Tacite. Julius Solin dit, » qu'on faiſoit avec

» cette laine des toiles fines, dont l'u-» ſage fut introduit par la luxure, & » qu'elles ſervoient beaucoup moins à » couvrir le corps qu'à le laiſſer voir «. Pline, Livre VI. Chapitre XVII. dit : » Seres lanico ſylvarum nobiles perfu-» ſam aqua depectentes frondium cani-» tiem..... tam longinquo orbe (ſe-» rica) petitur ut in publico matrona » transluceat. Virgile au Livre II. des Géorgiques.

Velleraque ut foliis depectant tenuia Seres.

Les Peuples appellés Seres cardent le duvet qu'ils ont recueilli ſur leurs arbres. Tout ce que j'ai rapporté paroît convenir plus au coton qu'à la ſoye; mais néanmoins la difficulté reſte indéciſe, parce que les Romains du tems de Virgile & de Pline, ignorant la maniere dont la ſoye, que l'on apportoit d'Aſie, étoit produite, pouvoient ſe forger une fauſſe idée de la production des ſoyes, & s'imaginer que dans le Pays des Seres on prenoit aux arbres ce léger duvet que la nature ſeme ſur quelques-unes de leurs feuilles, & qu'après l'avoir détrempé dans l'eau on en faiſoit un fil délié qu'ils appelloient Sérica, du nom du Pays des Seres dont il avoit été tranſporté. Le terme le plus propre pour exprimer ce qui eſt de Soye, c'eſt *Bombicynus*. Le vers à ſoye eſt appellé *Bombix*, & ce mot dérive du terme grec *Bombos*, qui ſignifie ce bourdonnement que font les vers à ſoye. Caſcalès parle de la méchanique de cet inſecte, moins admirable par la matiere précieuſe qu'il fournit, que par ſes différentes métamorphoſes, ſoit avant, ſoit après s'être enveloppé dans la riche coque qu'il ſe file lui-même : il n'a fait qu'ébaucher la matiere. On la trouve ſçavamment approfondie dans une diſſertation de Malpig, que la Société

Royale de Londres fit imprimer en 1669.

Cartagene eſt à une journée de Murcie. Il ſe fait dans cette Ville très-peu de négoce. Il conſiſte dans quelques ſoyes & dans de la ſoude ; on tire la ſoie de Murcie, mais en petite quantité, parce que l'Eſpagne en conſume la plus grande partie. La ſeconde ſe fait avec une eſpéce de plante métallique appellée Barille, qui croît le long des côtes de la Mer, & dans quelques campagnes propres à la production de cette plante. La ſoude faite avec la Bourde, qui eſt une plante aſſez reſſemblante à la Barille, n'eſt pas à beaucoup près d'une auſſi bonne qualité. Ces plantes jettent une tige de la hauteur d'un pied & demi ; on la coupe, on en remplit de grands trous faits exprès, on y met le feu, on la couvre. Il s'en forme une pierre très-dure, & c'eſt cette pierre que l'on appelle

appelle ſoude. Cette plante ſemble plutôt ſe fondre que brûler. Les Verriers s'en ſervent pour faire leurs verres, & les Savonniers l'employent dans la compoſition de leurs ſavons. La ſoude qui vient du Royaume de Valence, & que l'on appelle communément ſoude d'Alicant, eſt préférable à la ſoude de Carthagene. C'eſt la véritable ſoude de Barille, qu'il faut employer pour la fabrication des glaces à miroirs : celle de Bourde n'y étant pas propre. Les Eſpagnols les mélangent ſouvent, & quelquefois même y mêlent de la pierre ou de la terre pour en augmenter le poids, cela empêche beaucoup la perfection des Fabriques de glaces.

Le Port de Cartagene étoit autrefois excellent. On rapporte qu'André Doria, Amiral de la Flotte Eſpagnole, diſoit qu'il ne connoiſſoit que trois Ports qui fuſſent bien ſûrs : les mois de Juin

& de Juillet & Cartagene. La Mer resserrée entre deux montagnes forme une espece de canal, & l'entrée de ce canal est couvert d'une petite isle qui cependant ne le garantit pas de la violence du Sud, qui est presque le seul vent qu'il y ait à craindre. Ce canal en s'élargissant forme une baye, & dans le fond est la Ville de Cartagene. C'est cette baye qui formoit ce Port fameux de Cartagene, qui pouvoit sûrement & commodément contenir deux cens galeres. Le rivage a empiété sur la Mer, la baye s'est rétrécie, les orages & les torrens ont entraîné des sables dans le Port; je n'y vis qu'une galere, & on avoit été obligé de nettoyer l'endroit où elle étoit, afin de la mettre à flot dans un endroit sûr. Un Ingénieur qui étoit à Cartagene me dit, qu'on devoit travailler à réparer le Port, mais il n'y a ni ordre donné, ni fonds préparés; la galere que j'y vis est la

Réale : elle eſt très-bien conſtruite, fort grande & fort ornée ; c'eſt celle qui a ſervi à deſcendre le Roi & la Reine depuis Séville juſqu'au Port Sainte-Marie, & ſur laquelle leurs Majeſtés ont couché pluſieurs nuits. Cette Galere ne doit remettre en mer que pour être montée par le Roi ; c'eſt des Mores que les Rois d'Eſpagne ont appris à ſe regarder tellement au-deſſus des autres hommes, qu'il n'eſt pas permis à leurs veuves de ſe remarier, & que, lorſqu'ils ont monté une Galere ou un Vaiſſeau, perſonne n'oſe les monter après eux. Cet uſage s'étend juſqu'aux chevaux, & même, dit-on, juſqu'à leurs Maîtreſſes, qu'ils ne quittent qu'en leur ordonnant de ſe retirer dans un Couvent ; & Juan Alvarès de Colmenar qui a parlé de cet uſage, rapporte à ce ſujet deux petites hiſtoriettes. » Philippe IV, dit-il, allant à » Notre-Dame d'Atoche en proceſſion,

» le Duc de Medina della Torres lui » offrit en don un très-beau cheval qui » passoit pour le meilleur qu'il y eût » dans Madrid, mais ce Prince ne voulut » point l'accepter, disant que ce seroit » faire tort à ce bel animal, qui seroit » désormais inutile au monde «. L'autre historiette est sur le même Roi : » Philippe IV, ayant long-tems poursuivi une Dame de sa Cour, prit la » peine d'aller lui-même une nuit heurter doucement à sa porte, ne doutant » pas qu'elle ne lui fût ouverte ; mais » la Dame qui comprit d'abord qui c'étoit le renvoya, lui criant de son lit : » Vaya, vaya Condios, noquiero ser » monsa, c'est-à-dire, allez, allez, Dieu » vous accompagne, je n'ai pas envie » d'être Moinesse «. Si je rapportois tous les petits contes que l'on trouve dans les relations, & tous ceux que font les Espagnols, on en feroit un volume qui pourroit servir de supplément aux journées amusantes, ou à la Relation de Madame d'Aunoy ; elle a peut-être cru que cela étoit nécessaire pour égayer une Relation aussi triste que celle d'Espagne, les femmes en général préferent l'amusement à l'utilité.

J'arrivai à Grenade après six jours & demi de marche par un pays de montagnes. L'air est excellent & la terre peu féconde, c'est, s'il est permis de badiner, de quoi rendre les habitans de bon appétit ; quoique ce pays soit plus méridional que celui de Valence, il y fait cependant plus froid.

L'on aborde à Grenade par une plaine de quatre lieues de traverse sur huit de long, appellée la Vega de Grenada. Elle est environnée de petites montagnes, & couverte d'un assez grand nombre de Villages : le terroir y est fertile en fruits exquis, aussi-bien qu'en toutes les choſes néceſſaires à la vie. Il y a peu de mûriers, mais il y en a une grande quantité dans une grande plaine peu éloignée, & ſéparée de celle-ci par la montagne neigeuſe, ainſi appellée, parce que ſon ſommet eſt toujours couvert de neige. Grenade eſt ſituée partie dans la plaine, & partie ſur la montagne Cette Ville n'eſt point fermée, & la muraille, dont il eſt parlé dans les anciennes deſcriptions de Grenade, qui avoit douze mille pas de circuit, & qui étoit flanquée de mille & trente Tours, ne ſubſiſte plus. A l'entrée de la Ville, on trouve une fort grande place, que l'on nomme el Campo, où il y a trois ou quatre beaux bâtimens, qui ſont des Couvens ou des Hôpitaux. On voit dans l'Egliſe Cathédrale les tombeaux de Ferdinand le Catholique & d'Iſabelle ſa femme, & ceux de la Reine Jeanne leur fille, & de Philippe I, ſon mari, Archiduc d'Autriche, Roi d'Eſpagne & Pere de Charles-Quint. Cette Reine Jeanne étoit devenue folle pour avoir trop aimé ſon mari, & le ſurnom de folle lui eſt reſté dans l'hiſtoire. Voilà une maladie bien extraordinaire, qui ne s'eſt pas rendue contagieuſe. Le Palais où ſe rend la Juſtice eſt ſur une grande place, où il y a une fontaine. Le frontiſpice en eſt fort orné. Le quartier de la Ville le plus curieux eſt l'Alhambre ſitué ſur une montagne expoſée au lever du Soleil. C'eſt-là où l'on voit deux Châteaux du Palais, bâtis, l'un par les Rois Maures, & l'autre par Charles-Quint. On y monte de la Ville baſſe par une belle & longue allée de grands ormeaux, embellie de fontaines & de jets d'eau : cette allée conduit en montant & en tournant juſqu'au Palais. Celui qui a été bâti par Charles-Quint eſt un grand corps de logis quarré, bâti d'une pierre de taille picquée, les bandeaux des fenêtres sont de marbre noir. On voit à l'entour de l'édifice, au-dessous des fenêtres, un grand nombre de têtes d'Aigles & de mufles de Lyons qui tiennent des anneaux. Le tout de bronze. De-là je conjecture que ce bâtiment a été fait par un Architecte Italien. Car outre qu'il est d'une architecture bien entendue, fort noble & trop simple, pour être l'ouvrage d'un Espagnol, j'ai remarqué dans quelques Villes d'Italie, comme dans Florence, dans Sienne & dans plusieurs autres, de semblables anneaux, & on me dit que c'étoit une marque de distinction, & qu'il ne seroit pas permis à un Roturier d'en orner sa maison. L'intérieur du Palais est une grande & magnifique cour ronde, autour de laquelle regnent deux rangs de portiques l'un sur l'autre, soutenus par des colonnes de marbre & de jaſpe. Cet ouvrage eſt demeuré imparfait, & on le laiſſe périr.

L'ancien Palais des Maures eſt environné de murailles & fortifié de tours. Il reſſemble à une vieille Citadelle : il y a une eſpece de ravelin où l'on tient quelques piéces de canon pointées contre la Ville. L'intérieur du Palais eſt fort magnifique & fort ſomptueux. Par-tout on voit des figures hieroglyphiques, des inſcriptions arabeſques, & divers ouvrages à la moſaïque. La plûpart des ſalles ſont voûtées, & les voûtes ſont très-délicates & très-hardies. On voit dans ces ſales des bains & des fontaines d'une eau très-claire & très-vive. Il y a une cour qui eſt quarrée, pavée de marbres, ornée de portiques qui regnent autour, avec un très-grand nombre de colonnes d'albâtre. Au milieu de la cour on voit une fontaine, où douze figures de Lyons agrouppés ſupportent un large baſſin de marbre blanc d'une ſeule piéce. Je n'entreprendrai pas une deſcription détaillée de toutes les ſalles de ce Palais, il me ſuffit d'en avoir marqué le goût. Sur la même montagne où eſt ſitué ce Palais des Maures, on voit les reſtes de pluſieurs autres qu'ils y avoient fait conſtruire. Tel eſt le généralife où ils alloient paſſer le Printems, & y jouir de la douceur de la pureté de l'aír. On y trouve quantité de fontaines qui coulent avec un doux murmure; rien ne contribue davantage à rendre les maiſons agréables dans un climat auſſi chaud que celui d'Eſpagne, & il paroît que les Maures étoíent fort curieux & fort recherchés ſur cet article.

La plûpart du monde n'a point une idée exacte de l'origine de l'architecture pratiquée dans la conſtruction de la plus grande partie de nos anciennes Eglise. On l'appelle communément architecture gothique. L'expression n'est pas tout-à-fait juste, c'est un mélange de l'architecture des Goths & de celle des Maures ou Sarrasins, qui se répandirent dans l'Espagne & dans l'Italie, d'où leur goût a passé jusqu'en France. L'architecture doit son origine à la nature : Les Goths, peuples septentrionaux, habitoient dans des espéces d'antres : les Arabes & les Sarrasins, au contraire, habitoient dans des campagnes sous des tentes. De-là cette contrariété de goût que l'on remarque dans l'architecture appellée improprement gothique : on voit des parties écrasées, & des piliers dont la hauteur ne correspond point à la grosseur : c'est ce qui étoit propre aux Goths : on voit des parties très-élevées, très-légeres, & des piliers exténués, pour ainsi dire, & dont la grosseur ne répond point à la hauteur exceſſive; c'eſt ce qui étoit propre aux Sarraſins & aux Maures; tous les ornemens extérieurs des Egliſes anciennes ſont dans un goût de colifichets, ſemblables à ceux d'une tente. La vérité de cette origine & de cette variété de goût me paroît d'autant plus certaine, que dans le Palais des Rois Maures tout eſt léger, d'une conſtruction hardie & ornée, & que rien n'y paroît écraſé; cette réflexion mériteroit d'être plus approfondie & plus étendue, mais il me ſuffit d'en avoir expoſé les principes. Le Révérend Pere Tournemine m'a dit que cette même idée lui étoit venue, & qu'il l'avoit autrefois ſuffiſamment développée dans les journaux de Trévoux.

Il y a deux jours de marche de Grenade à Antequera, qui eſt une jolie Ville. On y fait de grands vaſes de terre ronds ou ovales en forme d'urnes, &

d'une telle grandeur qu'ils peuvent contenir la provision de toute une famille pour une année. Ils servent à tenir de l'huise, du vin, de l'eau & tout ce que l'on veut. On s'en sert en Andalousie pour conserver le vin. On fait un trou en terre on y met un de ces vases, on le remplit de vin, on le bouche & on le recouvre de terre; de cette façon le vin murit pendant cinq ou six ans, & voilà comme on conserve les excellens d'Ileres, d'Antequéra, tirant droit au Midi. Après sept lieues de chemin entre des montagnes fort rudes & fort hautes, on arrive à Malaga. Je laissai ma chaise à Antequéra & j'allai sur une mule. On monte la montagne par un chemin en ziczac, rude, pierreux & dangereux. Du haut de cette montage la vue est fort vaste. l'on apperçoit un grand Lac qui a deux lieux de tour, & sur lequel le Soleil, pendant l'été, forme une croute de sel qui est fort bon. Ce Lac est gardé par trois cens gardes. Il n'y a dans ces montagnes que deux ventes ; mais l'on apperçoit quelques Villages. Il ſurvint un orage mêlé de grêle & de pluye, & dans un moment il ſe forma entre ces montagnes mille torrens. Les mules en avoient quelqueſois juſqu'aux ſangles, & je vis le moment où j'aurois été obligé de m'arrêter quelques heures pour laiſſer diminuer les torrens. Ce Pays de montagnes eſt très-bien cultivé : c'eſt preſque par-tout des vignes, & dans les endroits où il n'a pas été poſſible d'en faire venir, il y a des troupeaux de bœufs & de moutons, & beaucoup de chevaux. Le commerce de Malaga conſiſte preſque tout en vin & en fruits, que les Anglois, Hollandois & Hambourgeois y viennent chercher. Les François, qui n'ont pas beſoin de tout cela, y font très-peu de commerce : il n'y vient que quelques bâtimens des Côtes de Bretagne, qui apportent des toiles de Cadix, & qui pour leur retour viennent à Malaga charger du vin & des fruits. Il y avoit dans le Port quatre Vaiſſeaux de quarante piéces de canon, un Vaiſſeau Hollandois, & deux ou trois Vaiſſeaux Anglois. Il n'y a dans cette Ville que la Cathédrale & le Port qui méritent d'être vus. L'architecture de la Cathédrale eſt dans un goût moderne, & on y bâtiſſoit un portail que l'on ſe propoſe de faire de marbre. La ſculpture des bancs du chœur eſt très-délicate & achevée. La Ville eſt mal fortifiée : il y a quelques vieux châteaux ſur la montagne, mais qui tombent en ruine. Il y a deux moles qui forment le Port, l'un que l'on ſe repent d'avoir conſtruit, parce qu'il n'empêche pas les ſables d'entrer dans le Port, & qu'il les empêche de ſortir : avant qu'il eût été fait, le Port ſe nettoyoit de lui-même : on travailloit à augmenter l'autre mole. On jette de grosses pierres à fond perdu. Cette maniere de construire coûte beaucoup, & je demandai à un Ingénieur pourquoi ils ne se servoient pas de caissons : il me dit que la mer étoit trop furieuse. Je ne crois pas sa réponse bien solide, mais il vouloit donner une raison bonne ou mauvaise. Les Entrepreneurs aiment les grandes dépenses : ils y trouvent mieux leur compte. Il y avoit dans le Port trois Galeres d'Espagne, & à la rade deux Vaisseaux Maltois, le Saint-Antoine de soixante piéces de canon & de quatre cens hommes d'équipage, & le Saint-Vincent de 48 piéces de canon. Le Chevalier de Chambrai, François, étoit le Capitaine Commandant. J'allai à son bord : je n'avois pas encore vu de Vaisseaux si bien armés & si prêts à se battre : on me présenta du Caffé & du Cedra de Malthe. J'entendis le

Te Deum que le Chevalier de Chambrai fit chanter pour la naiſſance du Dauphin, dont le Conſul de France lui apprit la nouvelle. Son Vaiſſeau étoit pavoiſé & décoré de toute ſorte de pavillons, excepté de celui de France, parce qu'on a ſouhaité qu'on ne s'en ſervît point pour tromper & ſurprendre les Algériens. A l'entrée de la nuit, il fit faire trois décharges de toute ſon artillerie, & le Saint-Vincent lui répondoit. Cette fête fut pour moi & plus nouvelle & plus agréable que le plus beau feu d'artifice. Je revins à Antequéra. Je m'y amuſai beaucoup chez le Comte de Lariviere, Officier François au ſervice d'Eſpagne, alors Lieutenant Colonel de Dragons, & aujourd'hui Exempt des Gardes du Corps. Il avoit épouſé une Eſpagnole de condition, fort jeune, belle & ſpirituelle, délicate dans ſes façons & dans ſa maniere de penſer &

de parler ; elle étoit avec ses sœurs & plusieurs de ses parentes, qui ne manquoient ni de vivacité ni d'agrément.

J'aurois fort souhaité aller de Malaga à Gibraltar, mais il falloit avoir une permission du Capitaine général de l'Andalousie, qui étoit à Séville. Les Espagnols tiennent toujours cette Ville comme bloquée par terre ; on ne laisse entrer ni sortir personne. Il n'y a aucun commerce de Gibraltar avec le reste de l'Espagne. Les Anglois tirent toutes leurs provisions, bœufs, moutons, & même gibier de l'Afrique. Gibraltar, entre les mains des Anglois, est regardé par les Espagnols comme un endroit pestiféré. On fait observer aux Vaisseaux qui en viennent une quarantaine ; mais les Vaisseaux Anglois qui en partent, prennent un passeport comme venant de Londres, afin de s'en exempter.

A deux petites lieues d'Antequéra

commence l'Andaloufie. Il y a trois jours de marche pour arriver jufqu'à Séville, on paffe par Offone qui eft connue dans l'antiquité. On peut, à ce fujet, lire l'ouvrage de Rodrigo Caro, fur les antiquités de Séville & des endroits de fon diftrict. Cet Auteur rapporte une infinité d'infcriptions & de médailles antiques. Son ouvrage eft fçavant & curieux. Il donne dans les fables dont les Hiftoriens d'Efpagnes ont farci les premiers fiécles de leur Hiftoire, mais il le fait de maniere qu'il ne paroît pas en être convaincu. Il s'eft laiffé entraîner par le torrent des Auteurs auxquels il lui étoit prefque impoffible de s'oppofer. Parmi les remarques de cet Auteur fur Offone, il y en a deux qui méritent une attention particuliere. L'une eft fur l'Enfeigne dont fe fervoit la Légion d'Offone, il en eft parlé dans l'ouvrage de Gui Pamirole, qui a pour titre :

» Commentarius in notitiam dignitatum » utriusque Imperii «. Cette Enseigne représentoit un globe d'or enfermé dans un cercle orné de flammes, de gueules & d'azur. Le globe représentoit l'Empire Romain, & ces flammes ou pointes de gueule & d'azur marquoient que cette Légion feroit, pour le défendre, la guerre à feu & à sang. La couleur d'or représentoit la solidité & l'excellence de l'Empire Romain. Le rouge étoit le symbole du sang, & le bleu celui du feu : l'autre remarque est sur l'enseigne pacifique de cette même Ville d'Ossone, c'est-à-dire, sur ses anciennes monnoies. Un côté représente un buste, qui est sans doute celui de quelque Magistrat : le revers est un Sphinx avec cette inscription, *Ursone*, qui veut dire Ossone. Il vaut mieux laisser à un chacun la liberté de penser ce qu'il jugera à propos sur le sens mystérieux de ce Sphinx, que de vouloir l'assujettir aux conjectures de Rodrigo Çaro. Je ne dois pas oublier la remarque judicieuse de cet Auteur, que les anciens Andaloux s'adonnoient à la Philosophie & à la Poésie, & que, suivant la coutume des anciens Philosophes & des anciens Poëtes, ils se plaisoient à déguiser leurs pensées sous quelques symboles, & à faire de leurs sentimens autant de mysteres.

Séville est une des premieres & des plus considérables Villes d'Espagne : on y voit de la grandeur, de l'étendue, de la magnificence, de grandes richesses, de superbes bâtimens, de belles Eglises : elle est située sur le fleuve de Guadalquivir, dans une vaste plaine à perte de vue, extrêmement fertile en bled, en vin & en huile : les olives y sont très-grosses & très-ameres. Cette campagne est traversée par un Acquéduc, construit, ou par les Romains, ou par les Maures, qui fournit abondamment de l'eau à toute la Ville; cette eau vient d'Alcala, qui est à deux lieues de Séville. L'Andaloufie eft la meilleure partie de toute l'Efpagne, la plus fertile, la plus riche, en un mot, la mieux partagée de toutes les graces de la nature. Un bon air, un beau Ciel, un terroir abondant en tout ce qu'on peut fouhaiter de plus agréable, & une grande étendue de côte fur l'Océan rendent cette Province riche & délicieufe: on y voit des forêts d'oliviers, d'orangers & de citroniers. Quel plaifir je m'imagine, lorfque ces derniers arbres font en fleurs, de fe promener dans la campagne pendant ces nuits délicieufes qu'il y fait, pour aller refpirer cet air fi agréablement embaumé par les fleurs de ces arbres! Les vignes y produifent du vin d'un excellent goût, les champs y ſont d'un ſi grand rapport, qu'on peut avec juſtice appeller cette contrée le grenier de l'Eſpagne : la terre eſt ſi graſſe, que lorſqu'il pleut, il faut tripler le nombre des mules. Les roues emportent une ſi grande quantité de terre, que l'eſpace qui eſt entre la roue & le corps de la chaiſe s'engorge : & j'ai eu l'expérience de les voir ceſſer de tourner, & les mules continuer de traîner la chaiſe, ce qui eſt une preuve également de l'excellence de la terre & de la vigueur des mules. Les chevaux d'Andalouſie ſont les meilleurs de l'Eſpagne : je les ai vus dans des campagnes arides, où à peine l'on apperçoit un brin d'herbe ; mais le peu qu'il y en a eſt extrêmement nourriſſant. On croit que Séville a été bâtie par les Phéniciens, qui l'appellerent Spalo, d'un mot qui ſignifie une plaine : elle porta enſuite le nom d'Hiſpalis ou Spalis. Les Mautres, qui n'ont point de P. dans leur Langue, ont fait Isbilia, & de-là eſt venu par corruption le nom de Sévilla. Rodrigo Caro, dans ſes ouvrages des antiquités de Séville, marque que les anciens plaçoient les champs éliſées dans l'Andalouſie. Homere, au rapport de Strabon, ſçavoit que les Phéniciens avoient été juſques dans l'extrémité de l'Eſpagne : inſtruit par leurs rapports de la richeſſe & des avantages de ce Pays, il y a placé les champs éliſées. C'eſt ce qui eſt marqué dans la prédiction de Protée à Ménélas, livre IV. de l'Odiſſée. » Les Dieux vous envoyeront » dans les extrémités de la terre, où » ſont les champs éliſées : là l'hiver eſt » de peu de durée, & les zéphirs y re- » gnent «. En effet, continue Strabon : » l'air y eſt excellent. L'Andalouſie ſi- » tuée aux extrémités de la terre, re- » çoit les douces influences des zé-

» phirs «: D'autres Poëtes ont inventé d'autres fictions. Tel est le vol des bœufs de Gérion fait par Hercule, & tel est ce qu'on dit du jardin des Hespérides. M. Bochart dit, que les champs élisées veulent dire en Phénicien *Læta arva*, qui est le mot dont Virgile s'est servi. Si l'on en croit l'Ecrivain de la vie d'Homere, attribuée par quelques Auteurs à Hérodote, Homere a été en Espagne. » Mélessigénés, dit il, naviguoit avec » Menta ; il observoit dans chaque en-» droit les choses singulieres & mémo-» rables, en sorte qu'il paroît dans ses » Poëmes n'avoir fait que des commen-» taires sur la description des lieux » qu'il avoit vus en allant d'Espagne à » Itaque ; Mélessigénés, qui n'avoit point » auparavant une bonne vue, la perdit » presqu'entierement «. Homere n'est qu'un surnom donné à Mélessigénés, parce qu'il avoit perdu la vue. Florus, livre II. Chapitre XVII. rapporte que Décius Brutus, allant en ce pays avec des troupes, fut long-tems arrêté par le reſpect qu'il avoit pour le lieu que l'on diſoit être la demeure des Bienheureux; juſques-là que ſes ſoldats n'oſoient traverſer le Lethé, de peur d'oublier toutes choſes, & de paſſer parmi les morts. Ce fleuve s'appelle aujourd'hui Guadalete. Ce ſont les Maures qui y ont ajouté Guada, qui ſignifie riviere, comme on voit en Guadalquivir, Guadiana, &c.

Séville a auſſi porté le nom de Julia Romula & Colonia Romulea, qui lui fut donné par Jules Ceſar. Les Romains conſtruiſirent dans cette Ville un Capitole, des Baſiliques, des Académies, des Théatres, des fontaines & autres bâtimens qui ſervent à l'ornement des Villes & à l'utilité des Peuples. Les invaſions des Barbares, Goths & Maures ont tout boulverſé, & l'on ne reconnoît plus, ou peu, les traces de ces différens édifices. On trouve tous les jours dans Séville & dans son territoire des médailles ou des pierres avec des inscriptions antiques : les Romains en employoient, suivant leur usage, dans la construction de leurs édifices ; souvent les Mores s'en sont servi pour établir les fondemens des leurs. Une médaille rapportée par Rodrigo Caro, fait connoître que depuis les Empereurs, les Colonies Romaines ne pouvoient battre monnoie sans leur permission. Cette médaille représente d'un côté une tête couronnée, au-dessus de la tête est une étoile, & en face un foudre : pour inscription, » Col. Rom. perm. Divi. Aug. » c'est-à-dire, Colonia Romulea per» missione Divi Augusti «. Le revers représente la tête de l'Impératrice Livie avec un bandeau : au-dessus de la tête est un croissant : au-dessous un globe, pour inſcription : » Orbis Julia » Auguſta Genitrix «. Livie eſt appellée dans pluſieurs médailles Julie. » Livia, dit Tacite Livre I. in familiam » Juliam nominiſque adſumebatur «. Le titre faſtueux de Mere du monde, dont elle eſt honorée dans cette médaille, lui fut donné par la flatterie, parce qu'elle étoit ſœur d'Auguſte & mere de Tibere.

A trois quarts de lieues de Séville ſont les ruines d'Italica. Cet endroit eſt appellé Sevilla Vieja. Pour y aller on paſſe par un fauxbourg que la riviere ſépare de la Ville. Un aſſez mauvais pont de bateaux les joint l'un à l'autre. Dans ce fauxbourg eſt la Chartreuſe que les Etrangers ont coutume d'aller voir. Le nom d'Italica fut donné à l'endroit dont je parle, par Scipion l'Africain, comme le prouve un paſſage d'Apien. » Scipio milites omnes

» vulneribus debiles in unam urbem » compulit quam ab Italia Italicam no- » minavit. Claram mortalibus Trajani » & Adriani qui posteris temporibus » Romanorum imperium tenuere «. Cette Ville a été détruite par les Mores, qui ne vouloient point avoir si près de Séville une Ville qui pût lui disputer la préséance. On voit encore aujourd'hui les restes d'un amphitéatre, & on y trouve fort souvent des Medailles. Je reviens à la description de Séville.

L'Eglise Cathédrale, qui est vers le milieu de la Ville, est la plus belle & la plus régulierement bâtie qui soit dans toute l'Espagne. On employa soixante ans pour la bâtir; elle fut achevée sous le regne de Jean II, dans le quinzieme siecle. Ce furent les Chanoines qui la firent bâtir avec leurs revenus, ne s'en réservant que ce qui leur étoit absolument nécessaire pour vivre. A côté de l'Eglise on voit une très-belle Tour construite par les Mores, comme on en peut juger par les ornemens & les sculptures qui sont dans le goût de cette Nation, & c'est assûrément un de leurs chefs-d'œuvres. L'Eglise est dans le goût gothique, mais dans ce goût qui tient plus des Arabes que des Goths, & c'est le plus parfait exemple qu'il y en ait : elle est plus vaste, mieux proportionnée, & plus solidement construite que celle de Notre-Dame de Paris. Cette Eglise, quoique d'un goût barbare, a un air de grandeur & de majesté ; elle ne dégénére ni dans le grossier, ni dans le colifichet. Derriere le grand Autel il y a une Chapelle, où est dans une riche Châsse le Corps du Roi Ferdinand-le-Saint : elle n'approche ni de l'Architecture Arabe, ni de la belle Architecture antique. Cette Chapelle est exhaussée, fort riche, mais trop ornée de Sculptures, & je ne trouve point dans le goût de sa construction autant de dignité que dans celle de l'Eglise. Il y a deux Sacristies, très-grandes & très-belles : les richesses qu'elles renferment sont immenses. Il y a un seul ornement pour servir à la Fête du Saint Sacrement & à celle du Jeudi-Saint, qui pese plus de mille marcs d'argent. Je ne ferai pas la description de tous les Vases & de tous les Ornemens qui sont en relief d'or & d'argent. Il suffit de remarquer qu'il n'y a guères d'Eglises en Espagne, sans en excepter les Villages, où il n'y ait des Lampes & des Chandeliers d'argent. Des Idolâtres qui feroient aujourd'hui la conquête de l'Espagne, trouveroient dans les Eglises plus de richesses, que les Espagnols n'en trouverent à leur arrivée dans le Mexique.

Les Cordeliers ont un Couvent très-magnifique, un des plus beaux qu'il y ait en Espagne : il est situé sur une grande Place : le dehors est fort orné de sculpture ; les Cloîtres sont vastes, soutenus de piliers de marbre, & embellis de Tableaux qui méritent d'être considérés. On doit voir les Couvens des Dominicains & des Religieux de la Merci, & la Maison des Jésuites. Il y a à quelque distance de la Ville un très-beau Couvent de Hieronimites : ce sont les Religieux qui sont à l'Escurial. Ils ne sont établis qu'en Espagne, & ce sont ceux qui possédent les plus riches Couvens. On voit dans l'Eglise de ceux-ci une Statue de Saint Jérôme, qui est un ouvrage des plus parfaits que l'on puisse voir.

Assez près de l'Eglise Cathédrale est le Palais Royal, appellé communément l'Alcacar, bâti en partie par les Rois Mores, & en partie par les Rois Chrétiens ; mais l'ouvrage des Mores est le plus parfait. Il y a des cours avec des

fontaines ;

fontaines ; l'une eſt environnée de portiques , ſoutenus par des colonnes de marbre ; les Salles ſont remplies de caracteres & d'Inſcriptions Arabes. Il y a un très-beau Jardin avec des parterres, & quelques pieces d'eau. A l'extrêmité de ce Jardin eſt un boſquet d'Orangers : on fait de petites rigoles pour y faire couler de l'eau, & arroſer le pied de ces arbres. Vers l'extrêmité de ce boſquet il y a un Puits. Une Mule fait tourner une roue où il y a une corde, à laquelle eſt attachée une file de pôts qui ſe rempliſſent d'eau, & ſe vuident par le mouvement de la roue : c'eſt la maniere dont on ſe ſert pour arroſer dans la plus grande partie de l'Eſpagne. Auprès du Palais eſt un bâtiment quarré, d'une Architecture moderne, fort noble & fort ſimple. Il ſert pour des Conſeils, pour rendre la Juſtice, les Négocians s'y aſſemblent comme à la Bourſe. Le commerce de cette Ville est beaucoup tombé, depuis que celui des Indes qui s'y faisoit autrefois a été transporté à Cadix.

C'est dans l'Alcacar que le Roi d'Espagne est logé. Je n'ajouterai rien au caractere que j'ai fait de ce Prince. Comme la Reine connoît à fond le caractere & les inclinations du Roi, qui ne s'accordent point avec les siennes, elle promene ce Prince par l'Espagne pour le dissiper, & l'éloigner du dessein où il persévere de se retirer à Saint-Ildefonse. Ils n'avoient qu'une même chambre, très-mal meublée. La Reine ne quittoit pas le Roi, & elle ne s'occupoit que de ce qui lui faisoit plaisir. Je ne suis point surpris qu'avec de tels talens, elle se soit rendue maîtresse de son esprit, & elle le sera toujours, à moins que quelqu'un ne dessille les yeux au Roi, & ne lui fasse voir combien les démarches que la Reine lui fait faire pour satisfaire son ambition, ſont oppoſées à ſon devoir de Roi, aux intérêts de ſon Etat & de ſes Sujets qu'il aime en vrai Pere, à la juſtice & à l'honneur dont il ne s'eſt jamais éloigné, que lorſqu'il croyoit s'en approcher davantage, ceux qui avoient pris de l'aſcendant ſur ſon eſprit, ſe ſervant de ſa forte inclination pour le bien, pour l'engager à faire le mal, en le maſquant ſous l'ombre du bien. Le Roi deſſine, & la Reine auſſi. J'ai vû des ouvrages du Roi, ils ſont trop bien faits pour un Prince; ils ne ſont faits ni au crayon, ni à la plume, ni au pinceau, mais avec de la méche de bougie. L'après-midi, vers les quatre ou cinq heures, le Roi & la Reine deſcendoient dans le jardin, & aſſis ſur les bords d'un baſſin, entourés de leurs intimes, ils pêchoient à la ligne. Le Roi eſt voûté, & paroît vingt ans plus que ſon âge. La Reine n'a pas beaucoup de beauté, ſoit dans les traits, ſoit dans les couleurs ; mais elle a beaucoup d'eſprit & beaucoup d'attraits. Comme elle étoit ſur le point d'accoucher, lorſque je me trouvai à Séville, perſonne n'en approchoit, & même il étoit fort difficile de la voir. Un Officier de leurs Majeſtés me fit entrer dans leur chambre au moment qu'elles en ſortoient, & je les vis paſſer par une eſpece de galerie qui étoit au-deſſous de leur fenêtre. J'ai vû dîner le Prince & la Princeſſe des Aſturies, j'ai eu l'honneur de leur baiſer la main, ainſi qu'aux Infants & aux Infantes. La Cour eſt triſte : elle eſt cependant plus brillante qu'elle n'étoit autrefois, à cauſe des Troupes qui forment la Maiſon du Roi. Il y a ſix cens Gardes du Corps habillés comme ceux du Roi de France : il y a des Gardes Eſpagnoles & des Gardes Vallones, habillés comme les Gardes-Françoiſes. Il eſt étonnant combien ces

Troupes font reſpecter le Souverain. Ce ſont, comme je l'ai entendu dire à un Eſpagnol, des verges pour réduire les Médina-Céli : en effet, ces Seigneurs, qui deſcendent du Sang des anciens Rois Eſpagnols, & qui ſont riches & puiſſans en vaſſaux & en rentes, le portoient fort haut, & n'avoient point coutume de faire leur cour, ou la faiſoient d'une maniere qui les honoroit plus que le Roi.

Je ne dois pas oublier deux choſes remarquables dans Séville : c'eſt la Monnoye & la Manufacture de Tabac. Du tems que j'étois à Séville, j'y vis des pieces d'or nouvellement frappées, auſſi parfaites que les Varrins. Les Eſpagnols feroient bien de les frapper toutes à l'imitation de celles que j'ai vues ; car leurs eſpeces ſont d'une figure ſi irréguliere, tellement rognées & limées, qu'on ne peut donner ni recevoir de l'argent ſans avoir le trébuchet à la main. La Manufacture de Tabac eſt très-conſidérable, & l'unique qu'il y ait en Eſpagne, où il s'en fait une très-grande conſommation. Il y a mille hommes employés, deux cens chevaux, & cent ſoixante-dix moulins. Une grande partie du tabac vient de Virginie par la voie d'Angleterre, & l'autre partie vient des Colonies d'Eſpagne. Deux autres établiſſemens fort remarquables, ſont l'Hôpital de la Sangré, & la Maiſon de Saint-Elme. L'Hôpital de la Sangré eſt très-grand, les malades y ſont fort bien ſoignés : c'eſt le plus bel établiſſement dans ce genre que j'aie vû en Eſpagne. L'Egliſe eſt bien conſtruite, mais elle n'a rien de remarquable. Cet Hôpital eſt fort bien bâti, dans un aſſez bon goût : l'extérieur eſt plus noble, plus grand, & a plus l'air d'un Palais que l'Alcacar. La Maiſon de Saint-Elme eſt un établiſſement fait ſous le regne de Charles II : le bâtiment eſt beau, mais c'eſt ce qu'il faut moins conſidérer, que l'uſage auquel il eſt conſacré. On y éleve une infinité d'enfans, ſoit Enfans-Trouvés, ſoit orphelins, ſoit de pauvres enfans, que les parens tâchent d'y faire recevoir. Ces enfans ſont très-bien entretenus, bien couchés, & bien nourris. On leur apprend à lire, à écrire, à chiffrer, & tout ce qui eſt néceſſaire pour former de bons Matelots & de bons Pilotes. Tous ſont deſtinés à naviguer.

De Séville on va au Port Sainte-Marie, où l'on s'embarque pour Cadix. Les endroits les plus remarquables par où j'ai paſſé, ſoit en allant, ſoit en revenant, ſont Lebrika, Saulukar & Xérès. Lebrika eſt une Ville ancienne, médiocrement grande, fort agréable. Les dehors de cette Ville ſont fort gracieux : c'eſt une vaſte & fertile campagne, où, de quelque côté que l'on tourne les yeux ; on ne voit que des objets qui font plaisir, de belles prairies émaillées, des fleurs, des champs abondans en grains, des vignes qui rapportent de fort bon vin, & des forêts d'oliviers dont on tire beaucoup d'huile. Les plaines qui sont sur le bord du Guadalquivir sont sujettes à être inondées ; & par cette raison elles ne sont ni habitées, ni cultivées. Sanlukar est situé à l'embouchure de Guadalquivir. La barre est difficile, mais le port est sûr : presque tout le commerce de cette Ville a été transporté à Cadix : il y avoit cependant quelques vaisseaux dans le Port, mais moins pour le commerce de cette Ville que pour celui de Séville, où il est assez pénible de remonter. Il y avoit autrefois à Sanlukar un Temple fameux, dédié à la Divinité du Feu & de la Lumiere : le nom ancien de Sanlukar étoit

Solukar, nom composé de sol, qui veut dire Soleil, & de Lucar, qui veut dire un lieu, un endroit. Le Temple avoit donné lieu à la dénomination de cette Ville. L'on a même trouvé quelques anciennes Médailles, où d'un côté est représenté le Dieu Vulcain, que l'on connoît à des tenailles, à un marteau, & à une espece de chapeau; car dans presque toutes les Médailles ce Dieu a une coëffure singuliere. Le revers représente une tête de Vénus avec des rayons, c'est l'Etoile de Vénus. Xérès est une Ville assez grande & assez bien peuplée, où je ne remarquai rien de singulier : la Place principale est assez belle. Les vins du Territoire de cette Ville sont d'une grande délicatesse; il s'en fait un grand débit pour l'Europe & pour l'Amérique. Le Port Sainte-Marie est à deux lieues de Xérès, situé à l'embouchure du Guadalete. Cette Ville est vis-à-vis de Cadix,

& le voiſinage de ce fameux Port fait qu'elle eſt habitée d'un grand nombre de Marchands Etrangers. Il y a deux ou trois lieues de trajet d'une Ville à l'autre. Le Port Sainte-Marie appartient au Duc de Médina-Céli. Il y a des Eſpagnols qui regardent le voyage & le séjour que le Roi y a fait, comme une eſpece de campagne & de priſe de poſſeſſion, parce que le Duc de Médina-Céli y regnoit preſqu'auſſi deſpotiquement qu'un Souverain. La véritable raiſon, c'eſt que la Reine eſt bien aiſe de promener & de diſſiper le Roi. La Ville de Cadix eſt ſituée ſur une langue de terre qui avance dans la Mer, & qui fait partie d'une petite Iſle, qui n'eſt ſéparée de terre que par un canal aſſez étroit, ſur lequel on a fait un Pont à l'endroit nommé Puente de Suaço. La Ville de Cadix eſt entourée de la Mer de tous les côtés, excepté par un endroit où on aborde, & qui eſt très-bien fortifié. La bonté de la Baye a fait que dans tous les ſiécles cette Ville a été extrêmement peuplée, & fort marchande. Il n'y a pas d'endroit dans l'Europe où l'argent ſoit plus commun, & où il roule davantage. Toute ſorte de Nations y abordent, & il y habite grand nombre de Marchands Etrangers, tout y eſt cher, & preſque toutes les denrées y ſont portées du Port Sainte-Marie. J'ai parlé ſuffiſamment dans le précédent Article du commerce qui s'y fait. La Ville ne renferme rien de remarquable. L'entrée de la Baye eſt fort large, & l'on y peut paſſer, ſans avoir rien à craindre du canon des remparts. C'eſt-là que ſe tient la plus grande partie des forces maritimes du Roi d'Eſpagne. On a creuſé des canaux dans un endroit de la Baye, que l'on appelle Caracque, afin d'y mettre les vaiſſeaux du Roi en plus grande sûreté : on y a conſtruit des magasins, des arsenaux, & tout ce qui est nécessaire pour le service de la Marine. Il y avoit au Pontal, qui est une pointe de l'Isle qui avance dans la Baye, & où il y a un petit fortin, un vaisseau sur le chantier : quelques semaines auparavant l'on en avoit lancé un en présence de Leurs Majestés. De Cadix on apperçoit Rota, où il se fait un commerce assez grand de vin rouge, que l'on appelle dans le Pays Vinotinto, & que l'on regarde à Paris comme du vin d'Alicant. Les Négocians de Cadix vivent avec beaucoup de magnificence & de dépense.

L'Antiquité a publié beaucoup de fables sur Cadix, les Espagnols les ont multipliées. Il est certain que les Phéniciens y furent attirés par les richesses qui se trouvoient en Espagne. « L'or & » l'argent y étoit par-tout en si grande » abondance, qu'on rencontroit quel-

» quefois des maſſes d'or en labourant ; » que les rivieres en charioient beau» coup, & que l'on creuſoit rarement la » terre, ſans en trouver quelques ra» meaux ». Ce ſont les termes de Strabon. Il ne faut donc pas s'étonner ſi les richeſſes de l'Eſpagne avoient une ſi grande réputation dans l'antiquité, que l'on croyoit que le deſſous de la terre étoit d'or, & qu'on la nommoit le Royaume de Pluton : les Syriens avides s'empreſſerent de la fréquenter, & y formerent pluſieurs établiſſemens, dont les premiers furent inconteſtablement Cartheia au-deſſous du Mont-Galpée, à l'entrée du détroit, & Gadir, dans une petite Iſle de l'Océan. On ne ſçauroit cependant marquer le tems de ces premiers établiſſemens. Il faut enviſager ces ſortes de peuplades, dont le principe ſe rapporte au commerce, tel qu'il eſt arrivé dans les nouveaux établiſſe-

mens des Indes, ou de l'Amérique. C'eſt le haſard qui les fait découvrir. Il en arriva de même en ce tems-là : mais ce haſard a été dirigé par la curioſité & l'avidité des Marchands Syriens, qui paſſant d'une côte à l'autre, & remarquant une augmentation de fertilité à meſure qu'ils s'avançoient vers l'Occident, pouſſerent leurs découvertes juſqu'au détroit. « On ne ſçauroit s'empê-
» cher, dit un Hiſtorien, d'admirer ici
» le jeu, ou plutôt le cours de la Na-
» ture, qui a tranſporté d'un Pays à l'au-
» tre la fécondité de la terre, & les paſ-
» ſions des hommes. Autrefois l'Eſpagne
» étoit riche en mines d'or & d'argent,
» en teintures & en tous les biens que
» les habitans vont aujourd'hui cher-
» cher en Amérique, & de même qu'ils
» ont été pillés par les Marchands Sy-
» riens, Cartaginois & Romains, qui
» ont abuſé de leur ancienne ſimplicité,

» pour les dépouiller des richesses où » leur cœur n'étoit point alors attaché, » ils sont devenus à leur tour les sang-» sues d'un autre monde, où ils n'ont » rien épargné pour rassasier leur avi-» dité, & l'on doute s'ils ont alors souf-» fert plus de maux qu'ils en ont causés » depuis ». Les Phéniciens ne trouverent point de lieu plus propre, soit pour s'assurer contre le mécontentement des Naturels du Pays, soit pour tenir des magasins, tant de marchandises qu'on apportoit de Syrie, que de celles qu'ils tiroient d'Espagne, qu'une petite Isle très-voisine du continent, où ils se firent une habitation fortifiée, & pour cette raison la nommerent Gadir, qui veut dire une enceinte, un lieu remparé. Voilà l'origine du célébre Port de Gadés, à présent Cadix, qui passoit chez les Grecs pour l'extrêmité du Monde, du côté de l'Occident. Cette place devint ſi puiſſante, que Strabon aſſure qu'elle ne cédoit qu'à Rome ſeule en nombre de Citoyens. La Ville étoit alors plus grande, la Mer depuis a mangé le terrein, & dans les baſſes marées l'on apperçoit les décombres des maiſons.

Ce qui rendoit encore l'Iſle de Gadés célébre dans l'antiquité, c'étoit la Religion qu'on y pratiquoit; car outre les cultes originaires de Syrie, ſes habitans ſe forgerent des Divinités particulieres: ils dreſſerent des Autels à l'Année, aux Mois, à l'Induſtrie, à la Vieilleſſe, à la Pauvreté, &c. Ils furent les premiers qui s'aviſerent d'honorer la Mort, non comme une Divinité implacable, mais comme le terme certain du repos pour tous les hommes. Entre ces Divinités aucune n'a été ſi renommée qu'Hercule, dont le Temple extrêmement magnifique, avoit été bâti par les Phéniciens. L'antiquité & l'éloignement contribuoient

tribuoient également à en faire croire des choses extraordinaires. Il y avoit de magnifiques colonnes, deux entr'autres qui étoient d'airain, sur lesquelles il y avoit des lettres mystérieuses dont on ignoroit la signification. Apollonius de Thiane consulté sur cela, répondit qu'elles avoient été gravées par Hercule dans la Maison des Parques, & qu'elles étoient le lien qui retenoit les élémens en société, particuliérement la Mer & la Terre ; c'est-à-dire, pour parler plus clairement, qu'elles étoient un Taliman ; mais Strabon dit nettement que cette écriture marquoit seulement la dépense faite pour ce bâtiment. Il réfute aussi Possidonius, qui les avoit confondues avec les prétendues colonnes du détroit. Galpé en Europe, & Abila en Afrique, sont ce qu'on appelle les colonnes d'Hercule. M. Bochard remarque qu'Abila en Langue Phénicienne & Hébraïque, signiſe une colonne, & de-là eſt venu le conte des Colonnes d'Hercule. Les Prêtres du Temple d'Hercule avoient les pieds nuds, les cheveux coupés, & gardoient une exacte continence avant que de s'approcher des Autels. Il n'étoit pas permis aux femmes d'y entrer; on n'y faiſoit aucun ſacrifice, jugeant que c'étoit une choſe cruelle que d'enſanglanter les Autels de Dieu, mais on y faiſoit brûler de l'encens. Ce Temple n'avoit point de Statues, différent par-là de tous les autres Temples du Paganiſme : celle même d'Hercule n'y étoit pas : car par Hercule ils entendoient la force de Dieu. Il n'y avoit que celle d'Alexandre qui deſira qu'on y mit ſa Statue. Les Prêtres n'oſerent le refuſer. Ce Conquérant avoit envie de venir à Gadés, où il ne vint pourtant jamais. Sa Statue étoit de marbre blanc, & le repréſentoit armé : c'eſt cette Statue qui fit pleurer Céſar de jalouſie & de regret. Le nom de la plûpart des Villes qui ont été, & que l'on voit encore dans les extrêmités de l'Andalouſie, tirent leur étimologie de la Langue Phénicienne, comme l'a fort bien remarqué M. Bochard, dont les conjectures conviennent parfaitement avec ce qui reſte des monumens d'Hiſtoire ancienne, & avec les propriétés des lieux. Tout ce qui regarde les antiquités d'Eſpagne, l'origine des Peuples, & les divers établiſſemens qui s'y ſont faits avant les Romains, a été ſçavamment expliqué par deux illuſtres Auteurs, l'un Eſpagnol, & l'autre François : le premier eſt Bernardo Aldreté, qui fit paroître en 1614 ſon ouvrage Eſpagnol, des Antiquités d'Eſpagne & d'Afrique. Le ſecond eſt le célébre M. Bochard, qui s'eſt ſervi de la connoiſſance qu'il avoit des Langues Saintes, pour développer l'origine des anciens Peuples. Peut-être donne-t-il un peu trop à la conjecture ; mais que peut-on faire de mieux dans des tems si reculés, & dans une obscurité presqu'impénétrable, qu'on ne peut éclaircir par aucun monument historique. Ce sont là des occasions où des conjectures sçavantes & vraisemblables peuvent être employées.

Le cinquiéme jour de mon départ de Séville j'arrivai à Badajos, faisant route pour aller à Lisbonne, dont le Voyage sera l'objet de l'Article suivant. Il n'y a rien de remarquable sur cette route, qui est assez mauvaise & assez déserte. On traverse la Sierra-Morena : le chemin n'est pas extrêmement rude. Ces Montagnes terminent l'Andalousie, qui confine de ce côté avec l'Estramadoure. Les Andaloux sont les plus méchans de tous les Espagnols, & ceux qui ont le plus de mauvaises qualités. Ils respirent beaucoup en parlant, & c'est ce qui a défiguré la Langue Espagnole, ensorte que l'on discerne à peine l'étimologie des noms : en voici un exemple dans le mot de frijo, qui signifie fils, & qui vient de filius ; on a d'abord dit filio, on a aspiré l'L, & on a dit fico, & réellement on trouve écrit dans d'anciens Livres fijo. On a aussi aspiré l'F, & on a dit fijo : l'Andaloux le prononce comme s'il s'écrivoit fricho. La Sierra-Morena renferme des Mines auxquelles les Romains faisoient travailler : on apperçoit même en quelqu'endroit les traces de leur travail ; c'est ce que prouve l'Inscription d'un marbre trouvé dans Séville, & qui est rapporté par Rodrigo-Caro. *J. Flavio. Aug. Lib. Polieryso. Proc. montis Mariani præstantissimo confectores æris.* Le mot *æs. æris* ne signifie pas seulement de cuivre, mais encore de l'argent monnoyé : ainsi cette Inscription veut dire les Monnoyeurs à Julius-

Flavius-Polieryſſus, affranchi d'Auguſte, Procurateur de la Sierra-Morena. Les Empereurs prenoient le titre d'Auguſte, & les Affranchis prenoient ordinairement leur nom de celui de la famille de leur ancien Maître ; par conſéquent celui dont il eſt ici queſtion, à en juger par le nom de Flavius, étoit Affranchi de Veſpaſien, ou des Empereurs ſes fils, Tite & Domitien. Polieryſſus n'eſt qu'un ſurnom, mot originaire du Grec, qui veut dire très riche.

Badajos eſt ſituée ſur le bord de la Guadiana, que l'on paſſe ſur un magnifique Pont bien conſtruit, de trente arches, & long de ſept cens pas. La Ville eſt défendue de quelques dehors à la moderne : elle n'eſt pas grande, & excepté le Pont, on n'y voit rien de remarquable. On apperçoit Elvas qui eſt de ce côté-là, la premiere Ville de Portugal, diſtante de Badajos de trois lieues.

Badajos a été autrefois appellée *pax Augusta ;* c'est de ce nom que les Mores, qui n'ont point de P dans leur Langue, ont fait premierement par corruption Baxaujos, & puis Badajos : elle est Capitale de l'Estramadoure. Sa richesse consiste dans la toison des Moutons, qui portent une laine très-fine & très-précieuse. L'Estramadoure a de très-excellens pâturages, où l'on nourrit quantité de gros & de menu bétail : elle fait partie de la Castille-Nouvelle, & c'est la partie qui est la plus agréable & la plus peuplée.

En allant de Badajos à Tolede, on passe par Mérida, Truxillo, Talavera, la Reina, & plusieurs Bourgs & Villages très-considérables ; on passe à la vue du Château d'Oropese, qui appartient au Comte de ce nom, Grand d'Espagne.

Merida est située sur la Guadiana : l'Empereur Auguste ayant défait avec beaucoup de peine les Peuples qui habitoient cette partie de l'Espagne, & voulant récompenser les Soldats qui l'avoient servi dans cette guerre, donna cette Ville à une Colonie de ces Soldats, & pour ce sujet l'appella Emerita Augusta. On voit sur une Médaille d'un côté l'Image d'Auguste avec une couronne à rayons, & cette Légende : *Divus Augustus Pater*, & sur le revers une Porte flanquée de deux Tours, avec ces mots : *Augusta Emerita.* Il l'orna de magnifiques Edifices, d'un long & magnifique Pont de pierres : il fut emporté en 1610 par le débordement de la Riviere, & l'on en rebâtit un autre ; mais je ne sçais d'où vient que l'on n'a point fait les arches d'une grandeur proportionnée les unes aux autres. Ce Pont est aussi long que celui de Badajos. L'Aquéduc bâti par les Romains a été ruiné par le tems. On en a bâti un autre, mais qui n'approche point de la beauté du premier, à en juger par les débris de quelques arches qui subsistent encore. Il y a dans la Ville un Arc, appellé par les Habitans Arco de Sant-Jugo, ouvrage des Romains, qui paroît être le reste de quelqu'ouvrage considérable. Je vis dans le Jardin des Peres de Saint-Léon, un puits, une maison quarrée; & entre le puits & la maison, un réservoir. La maison paroît être un ouvrage des Romains par la beauté de ses voûtes; quelques ornemens gothiques qui s'y trouvent paroissent ajoutés: on descend dans cette maison, & deux beaux souterrains conduisent au puits en passant par-dessous le réservoir.

Truxillo est située dans les Montagnes sur le penchant d'une colline; on croit que c'est l'ancienne Turris Julii, bâtie par Jules César. Elle est illustrée par la naissance de François Pizarre, qui a découvert & conquis le Pérou, & on y voit le Palais de Pizarre qui donne ſur la Place. Les dehors en ſont ornés, mais dans un goût gothique. On voit les ruines d'un vieux Château conſtruit par les Mores. Harnand Cortès, qui a fait la conquête du Mexique, étoit de Médellin, autre petite Ville de l'Eſtramadoure, ſituée ſur la Guadiana. Cette naiſſance n'honore pas moins cette Province que celle de François Pizarre.

Talavera-la-Reina eſt ſituée dans la partie de la Caſtille-Nouvelle, qui s'appelle l'Algaria, & ſuivant quelques autres Géographes dans l'Eſtramadoure. La Caſtille-Nouvelle eſt diviſée en quatre parties, qui ſont comme autant de petites Provinces; l'une comprend la partie du Nord, c'eſt l'Algaria, & c'eſt dans cette partie que ſont ſituées Madrid & Tolede; la ſeconde eſt à l'Orient, & s'appelle la Sierra, ainſi nommée, parce qu'elle eſt un Pays de Montagnes ; la troiſieme eſt au Midi , & porte le nom de la Manche ; la quatrieme, qui eſt à l'Occident, eſt l'Eſtramadoure. Cette diviſion étoit néceſſaire pour donner une idée préciſe & juſte de la Caſtille-Nouvelle. C'eſt dans la Manche que Michel Cervantés a placé la ſcène des exploits héroïques du preux Chevalier Don Quichotte. Ce Pays, fameux par le Roman, mérite de le devenir dans l'Hiſtoire par l'exploit d'un Curé nommé Franciſco de Velaſco, qui dans la guerre pour la ſucceſſion d'Eſpagne, ſe mit à la tête de ſes Paroiſſiens, ſe cantonna dans les Montagnes, & empêcha la jonction de l'armée jointe des Anglois & des Portugais, avec celle de l'Archiduc. C'eſt à ce Curé que Philippe V eſt redevable de ſa Couronne : il fut fait depuis Evêque de Badajos, & enfin, il eſt mort Archevêque de Tolede, ayant toujours parfaitement rempli les fonctions de l'Episcopat.

Avant que d'arriver à Tolede, on apperçoit dans la campagne plusieurs masures & les restes d'un amphitéatre, que l'on croit avoir été construit par les Romains, sans autre raison de préférence, sinon que les Romains ornoient souvent les Villes de leur dépendance par de semblables monumens. Tolede est environné de murailles avec des tours, que l'on attribue aux Goths & aux Maures, non que cette maniere de fortifier leur fut particuliere, mais c'étoit celle qui étoit en usage dans le tems où ces Nations étoient les Maîtres de l'Espagne : ces murailles ne sont pas assez anciennes pour être attribuées aux Romains, & elles le sont trop pour être attribuées aux Rois Chrétiens, qui ont régné après les Rois Maures. Cette Ville est aux bords du Tage, qui l'environne de deux côtés, coulant entre des rochers extrêmement escarpés : il fertilise toute la Vallée voisine. Il seroit facile de rendre ce fleuve navigable : on le traverse en trois endroits sur trois Ponts, dont les arches sont très-hautes, très-larges, & très-hardies. On passe par-dessus un de ces Ponts pour aller à Madrid : on repasse ce fleuve en divers autres endroits, & quelquefois sur des Ponts de bois assez mauvais. La situation de Tolede sur une Montagne élevée & rude, la rend inégale, de sorte qu'il y faut presque toujours monter ou descendre. Ce qu'il y a de plus beau à voir, ce sont les restes d'un Château Royal, l'Eglise Cathédrale & le Couvent des Cordeliers. La Ville est d'ailleurs peu considérable, & sans le Clergé, la plûpart des Artisans s'en iroient vivre ailleurs.

Le Château Royal a été ruiné dans les dernieres guerres, en sorte qu'il n'en reste que des débris, mais assez considérables pour faire juger de ſon ancienne magnificence. Il eſt à un coin de la Ville, ſitué ſur un coteau le plus élevé de tous, ou pour mieux dire, ſur un rocher extrêmement eſcarpé, ayant la vue ſur la Ville, ſur le Tage, qui coule au pied, & ſur la campagne voiſine. Il conſiſte en quatre gros corps de bâtiment avec des pavillons. La Cour eſt longue de cent ſoixante pieds, large de cent trente, & environnée de deux rangs de portiques. On montoit aux appartemens par un grand eſcalier, que l'on voit au fond de la cour, & qui en tient toute la largeur. On y faiſoit monter de l'eau du Tage par une machine ingénieuſement inventée, d'où elle ſe diſtribuoit dans toute la Ville; mais cette machine eſt rompue, & l'on n'a point travaillé à la raccommoder, enſorte que Tolede étant ſituée ſur un roc où l'on ne peut pas creuſer des Puits, les habitans ſont obligés de descendre au bord du Tage pour y puiser de l'eau.

L'Eglise de Tolede est d'une construction Gothique qui n'a rien de distingué : on voit dans cette Eglise des Chapelles fort riches & fort décorées. La Chapelle de Notre - Dame est incrustée de jaspe. On y voit la Statue de la Sainte Vierge, de grandeur naturelle, & d'argent massif. Cette Eglise est une des plus riches qu'il y ait dans le monde. Le Sagravio, ou la principale Chapelle, est un véritable trésor, où l'on voit quantité d'or & d'argent ouvragé, de diamans & de pierreries. « On ne peut » voir, dit un Auteur Espagnol qui n'e- » xagere point dans cette occasion, ce » trésor qui est un vrai miracle de la » Nature & de l'Art, sans en être ravi » d'admiration ». Les Espagnols donnent à cette Eglise l'épithéte de Sainte, soit à cause des Saintes Reliques qui y ſont en grande quantité, ſoit à cauſe que le Service Divin s'y fait avec beaucoup de dignité. Si cette Egliſe eſt ſuperbement riche, elle n'eſt pas moins bien rentée, pour payer largement ceux qui ſont appellés à y faire le Service Divin. Cet Archevêché eſt le *non plus ultrà* des Dignités eccléſiaſtiques d'Eſpagne : l'Archevêque eſt Primat d'Eſpagne, Grand Chancelier de Caſtille, & Conſeiller d'Etat. On dit qu'il a plus de trois cens mille ducats de rente, ce qui feroit, ſur le pied qu'eſt la monnoye de France, plus de douze cens mille francs. Ce qu'on dit pour vanter les richeſſes de l'Egliſe de Tolede, qu'il y a un puits où l'on jette la vieille argenterie, n'eſt qu'un conte : je me ſuis informé ſur les lieux, je l'ai demandé à des Eſpagnols, qui m'avoient parlé avec liberté ſur d'autres articles où ils auroient pû être réſervés, ſans ſe rendre ridiculement

ridiculement myſtérieux : j'ai vu dans quelques armoires une aſſez grande quantité de vieille argenterie, le Chanoine qui me les montroit, m'aſſura qu'il n'y en avoit pas davantage : j'oſai lui dire qu'on m'avoit aſſuré qu'il y avoit un puits que l'on ne montroit pas à tous les Etrangers ; il me répondit que c'étoit une invention faite à plaiſir, & je l'ai cru. Il ajouta, que s'il y avoit quelque raiſon pour engager à cacher les richeſſes de l'Egliſe, qu'il ne m'en auroit pas fait voir d'auſſi immenſes que celles qu'il m'avoit montrées. J'ai même remarqué que les Eſpagnols ont le défaut de renchérir ſur le prix des choſes qu'ils poſſédent, & qu'ils ſont plus capables de ſe vanter d'avoir une choſe qu'ils n'auroient point, que de cacher une belle choſe qu'ils auroient.

L'Egliſe des Cordeliers & leur Cloître ſont dans un goût gothique ; c'eſt le plus beau Couvent de Tolede, & cependant ce n'eſt pas grand'choſe. Ce Couvent fut fondé par Ferdinand & Iſabelle, vers la fin du XVe ſiécle, quatre ou cinq cens ans après la priſe de Tolede. Ximénès, qui parvint dans la ſuite à la dignité d'Archevêque & de Cardinal, fut le premier Novice qu'on y reçut. Ce fameux Cardinal qui, aux autres vertus qui l'ont immortaliſé, joignit l'amour des Sciences & des Belles-Lettres, fonda dans la Cathédrale de Tolede la Chapelle des Mozarabes, & y établit douze Chanoines avec un Doyen, pour faire revivre les Offices de ce nom qui étoient preſqu'abolis. Après la converſion des Ariens à la foi Catholique, Saint Iſidore, Archevêque de Tolede, compoſa un Office pour les Pſalmodies, les Prieres publiques & les Meſſes : cet Office fut reçu de toutes les Egliſes : les Maures s'étant rendus maîtres de l'Eſpagne, les Chrétiens furent dispersés. Ceux de Tolede ayant subi le joug, leurs vainqueurs leur laisserent six Eglises, dans lesquelles ils conserverent l'Office de Saint Isidore, & ces Chrétiens furent appellés Mistarabes ou Mozarabes, soit de leurs mêlanges avec les Maures, soit du nom de Moza, qui en étoit le Chef. Alphonse VI ayant repris Tolede sur les Maures l'an 1039, on parla d'y rétablir le Service Divin, d'abolir cet Office ancien, & d'y introduire le Romain. L'Envoyé du Pape le sollicitoit; le Clergé, la Noblesse & le Peuple s'y opposoient. Le Roi voulut absolument que l'Office Romain fut introduit, mais on obtint que les anciennes Paroisses de Tolede garderoient leur Office Mozarabe. Par la suite des siécles, cet Office avoit été insensiblement aboli : le souvenir même en avoit été presqu'effacé de l'esprit des hommes : le Cardinal Ximénès le rétablit, & fonda la Chapelle dont j'ai parlé, où l'on a toujours continué depuis ce tems-là de faire l'Office Divin ſelon le Rit Mozarabe.

Il y a ſix lieues de Tolede à Aranjués. C'eſt une Maiſon Royale, que Philippe III fit bâtir, ayant remarqué les avantages de ſa ſituation dans un lieu que la Nature, aidée tant ſoit peu par l'Art, pouvoit rendre un endroit charmant. La Maiſon Royale eſt paſſablement belle, & lorque j'y paſſai on travailloit à l'augmenter. Le Jardin eſt ſitué dans une preſqu'Iſle au confluent du Tage & d'une autre petite Riviere : on en a fait une Iſle entiere, en tirant un Canal d'une de ces Rivieres à l'autre. On y arrive par de magnifiques avenues d'une lieue de long, & l'on ne voit nulle part de ſi beaux arbres. Cet endroit eſt environné d'une plaine de quatre ou cinq lieues d'étendue, en partie couverte de bois, remplie d'une grande quantité de lapins, & de diverſes bêtes fauves. Le Roi y tient des haras, & à voir les jumens, on ne croiroit pas qu'elles puſſent produire de ſi beaux chevaux. Les poulains d'Eſpagne ſont ordinairement aſſez vilains juſqu'à l'âge de deux ou trois ans. Le Jardin eſt ce qu'il y a de plus remarquable à Aranjués : on a fait venir un Jardinier François pour le mettre dans un état parfait. Il n'eſt que d'environ quatre-vingts arpens, les allées ſont étroites, & les arbres ne ſont pas exactement alignés ; il y a beaucoup de jets d'eau ; l'eau vient du Tage par le moyen d'une eſpece de chauſſée. Je ne ferai point l'énumération des Fontaines : on trouve de tous côtés des cabinets de verdure, des berceaux, des fontaines, & tout ce qu'a pu inventer l'induſtrie des Eſpagnols dans un ſiécle où le goût des Jardins n'étoit pas encore perfectionné. Les baſſins ſont ſort étroits, les jets-d'eau ne jettent qu'un filet d'eau, la plûpart des figures ne ſont pas bien faites : ſi l'on avoit dépenſé dans cet endroit les ſommes que l'on a aſſez mal employées à Saint-Ildefonſe, l'on auroit fait une retraite véritablement délicieuſe.

Madrid eſt ſitué ſur le Mançanarés, à ſept lieues d'Aranjués. La Campagne qui environne cette Ville eſt fertile en froment : l'on y arrive par le Pont de Tolede, conſtruit depuis quelques années : l'entrée du Pont eſt une chauſſée où huit caroſſes paſſeroient de front. Le Pont n'a que la moitié de cette largeur : l'on en ſort par une chauſſée ſemblable à celle de l'entrée, & qui va juſqu'à la Ville avec une double allée d'arbres : ſur le milieu du Pont ſont deux Statues, l'une de Saint Iſidore, Patron de Madrid, & l'autre de Notre-Dame. Il y a deux fontaines à l'iſſue du Pont, & deux chauſſées, l'une à droite, & l'autre à gauche, pour deſcendre aux Mançanarés. Le Pont eſt très-ſolidement conſtruit, ainſi que celui de Ségovie, qui fut fait ſous le régne de Philippe II. Il eſt auſſi d'une magnifique ſtructure, mais inférieure à celle du Pont de Tolede : le Mançanarés n'eſt ni ruiſſeau, ni riviere ; mais tantôt l'un, & tantôt l'autre, ſelon que les neiges des Montagnes voiſines ſont plus ou moins fondues. Il eſt ſujet à des débordemens, & pour réſiſter à leur violence les Ponts doivent être ſolidement conſtruits : ainſi je trouve très-mal placés les bons mots de ceux qui ont plaiſanté ſur de ſi magnifiques Ponts, & ſur le peu d'eau du Mançanarés en été. On voit ſur ſes bords beaucoup de Blanchiſſeuſes ; & entre le Pont de Ségovie & celui de Tolede, il y a des potagers que je ne ſçaurois mieux comparer qu'aux Marais de Paris : de l'autre côté du Mançanarés on a pratiqué de petits étangs en forme de marais salans, ensorte que, pour peu qu'il gele, on a de la glace : j'en vis ramasser le six Décembre ; il n'y a gueres de Villages tant soit peu considérables, où l'on ne trouve de la glace, plus communément de la neige, pour rafraîchir le vin.

Madrid n'étoit qu'une petite Ville peu considérable, avant que les Rois l'eussent choisie pour y faire leur séjour. Elle n'a point encore aujourd'hui d'Evêque : elle est du Diocèse de Tolede : elle n'a ni murailles, ni fossés ; les rues sont presque toutes larges, longues & droites, mais extraordinairement malpropres, puantes, & mal pavées. Les Places publiques sont ornées de belles fontaines : l'eau de Madrid, ainsi que le pain, sont en grande réputation. On boit du vin de la Manche qui est fort bon, d'un goût approchant de celui de

Bourgogne, mais d'une délicateſſe inférieure : c'eſt le vin dont boivent les Princes ; le Roi boit du vin de Bourgogne. L'air de Madrid eſt fort vif, & s'il l'étoit moins, les vilainies qui ſont dans les rues cauſeroient la peſte : c'eſt peut-être la raiſon qui fait que les Eſpagnols aiment beaucoup les odeurs, mais c'eſt pour bien des perſonnes une double incommodité. Il y a quantité de petites Egliſes fort propres, ſuperbement ornées & enrichies de beaucoup de lampes. Les Couvens ſont le plus conſidérable ornement de Madrid. L'Egliſe de Notre-Dame d'Atoche, c'eſt-à-dire, du Buiſſon, eſt une des plus conſidérables. C'eſt-là que les Rois font chanter le *Te Deum*, lorſqu'un heureux événement leur en donne ſujet. L'extérieur des maiſons n'eſt, en général, ni beau, ni vilain ; la plûpart ſont de briques : l'intérieur eſt fort grand, ordinairement mal meublé, quelquefois très-magnifiquement, mais sans goût. On a construit un quartier pour les Gardes-du-Corps : il y a des Ecuries pour huit cens chevaux, le logement est beaucoup plus beau que celui des Mousquetaires à Paris : ce bâtiment est une des curiosités de Madrid. Le Duc d'Ossone a dans son Palais deux théatres ; l'un pour servir à la représentation des Comédies, & l'autre à celle des Opéras. Il n'y a cependant point d'Opéra dans Madrid, ni dans le reste de l'Espagne, & il n'y a gueres de Seigneurs en état de rassembler & de payer des Musiciens pour leur faire représenter un Opéra. Ils le font quelquefois dans quelqu'occasion extraordinaire. Il y a des Comédies publiques, mais on y joue à la clarté du jour. Les décorations, les habits des Acteurs & la salle, sont très pauvres. Les Acteurs sont assez bons : leurs Comédies sont remplies d'incidens & d'intrigues, mais ſans aucune de ces régles auxquelles le goût, les réflexions & l'étude de la Nature ont aſſujetti Moliere & les bons Auteurs.

Le plus grand plaiſir des Eſpagnols, & qu'ils préférent à celui de la Comédie, quoiqu'ils en ſoient extraordinairement & ridiculement amoureux, c'eſt la Fête des Taureaux : elle ſe célébre dans la Place Mayor. Cette Place eſt au milieu de la Ville; elle a quatre cens trente-quatre toiſes de largeur. Les maiſons dont elle eſt environnée ſont toutes ſemblables; les plus hautes de Madrid ont cinq étages, avec un balcon ſemblable à toutes les fenêtres qui ſont en très-grand nombre. Cette Place ſert à tenir le Marché. Les Fêtes des Taureaux ne ſe font pas ſouvent à Madrid, parce qu'elles ſont d'une grande dépenſe. Lorſque j'étois dans cette Ville, on en fit une à Caramchel-Ariba, Village qui eſt à une grande lieue de Madrid. La Fête ſe fit dans une grande Place, environnée de tous côtés par des échafauts en forme d'amphitéatre, & des loges. Il y a des tambours, timbales & trompettes qui ſonnent l'attaque du Taureau, & les autres circonſtances du combat, au ſigne que le Magiſtrat fait avec ſon mouchoir, y ayant une loge particuliere pour les Magiſtrats du lieu. Ces Taureaux ſont noirs, & ne ſont pas d'une grande taille. Premiérement on excite le Taureau avec des dards qu'on lui enfonce entre les deux cornes au-deſſus du col. Les Torréadores, c'eſt ainſi que l'on appelle ceux qui combattent le Taureau à pied, badinent avec le Taureau, en lui préſentant leur manteau. Ils ſçavent eſquiver avec adreſſe le coup de cet Animal furieux, preſque ſans bouger de leur place. Le Taureau ferme les yeux en frappant, le Torréadore fait un demi pas à côté en effaçant le corps. Le Taureau ne frappe que l'air : il se retourne, revient sur le Torréadore qui recommence le même manége, & le fait souvent sept à huit fois de suite. Lorsque les trompettes sonnent pour la seconde fois, les Torréadores quittent le dard, & prennent l'épée avec laquelle ils attaquent le Taureau toujours en face, & le mettent à mort. Alors les trompettes sonnent pour la troisieme fois : quatre Mules caparaçonnées entrent, & enlevent le Taureau de la lice. Parmi ces dards que l'on fiche au col du Taureau, il y en a un où il y a un pétard attaché, afin de l'exciter de plus en plus. On tua dans cette Fête douze Taureaux, & plusieurs ne durerent que quatre minutes, & moins encore, ayant été atteints mortellement du premier coup. Quand un Torréadore fait un coup extraordinaire, le Magistrat lui jette une piece d'argent. Il y eut dans cette Fête quatre ou cinq Torréadores renversés par terre, sans qu'il leur arrivât de mal. Il y eut un Taureau qui sauta dans l'amphitéatre, qui est élevé de plus de cinq pieds, mais il ne blessa personne. Avant que de pouvoir se retourner, il reçoit plus de trente coups, ou d'épées, ou d'hallebardes, qui le repoussent en dehors, & qui souvent le tuent roide. Tous ceux qui sont au premier rang ont leurs épées nues à la main, & ils piquent le Taureau, lorsqu'il passe le long des barrieres. Lorsqu'un Torréadore est poursuivi vivement, il saute au-delà de la barriere sur l'amphitéatre : il y a même le long de la barriere une petite planche saillissante, qui leur sert à appuyer le pied, & leur donne la facilité de franchir la barriere. On lâche contre le dernier Taureau plusieurs chiens vigoureux qui s'attachent à ſes oreilles & à ſon col : alors beaucoup d'Eſpagnols ſortirent de l'amphitéatre, & avec leur épée lui farfouilloient dans le corps, & cherchoient à lui porter le coup dans le cœur. Ce détail n'eſt pas gracieux, mais il eſt néceſſaire pour faire connoître les Eſpagnols & leur cruauté. Les Papes n'ont jamais pû venir à bout de leur interdire ce plaiſir barbare & ſanglant.

Il y eut dans cette même Fête un Gentilhomme qui combattit le Taureau à cheval. Il fit, avant le combat, trois fois le tour de la Place dans le carroſſe du Duc d'Oſſone, qui lui ſervoit de parain dans cette Fête. Il parut enſuite à cheval : il étoit fort court ſur ſes étriers, avoit une ſelle un peu plus forte qu'une ſelle à la Royale, moins forte qu'une ſelle à piquer. Il avoit deux eſpeces de Pages à pied, habillés de damas blanc & rouge, en pourpoint & en manteau, comme on repréſente dans un tableau ou dans une fête, l'ancien habit d'un Eſpagnol galant : ils ſervoient à préſenter les dards & à tenir la ſelle, parce que la réſiſtance du coup eſt fort grande. Les dards ſont longs d'environ trois pieds : ils ſont d'un bois fort léger & ſont armés de fer. Le Cavalier tient l'extrémité du dard dans la paume de la main, & en l'eſquivant lui enfonce le dard entre les deux cornes, avec une ſi grande force, que le dard ſe briſe ; la moitié reſte dans la main du Cavalier, & l'autre moitié dans le col du Taureau. Le coup eſt rarement frappé aſſez juſte pour être mortel, en ſorte que ce ſont les Torréadores qui achevent le Taureau. Je n'avance dans la Relation de ce combat, aucune circonſtance dont je n'aie été témoin. Paſſons à quelqu'autre deſcription moins ſanglante.

Le

Le Palais Royal eſt à l'une des extrémités de la Ville au Couchant, ſitué ſur une éminence, dont la pente s'étend inſenſiblement ſur le Mançanarés & ſur les charmantes promenades, belles allées & belles fontaines qui ſont aux bords de cette petite riviere. Au devant de la façade du Palais, on trouve une grande place : deux pavillons terminent la façade qui eſt réguliere, mais c'eſt la ſeule qui ait été achevée. Il y a dans l'intérieur pluſieurs cours conſtruites en quarré & environnées de colonnes qui forment une gallerie où il y a quelques boutiques de Merciers & de Quincailliers. C'eſt dans ce Palais où l'on plaide, où l'on rend la Juſtice, où s'aſſemblent les différens Conſeils, & où logent le Roi, la Reine & ſes Dames. On voit dans les appartemens de riches & excellens tableaux. Quoique le Roi ne fût pas dans Madrid, il y avoit dans les écuries un nombre considérable de chevaux, soit chevaux de selle, parmi lesquels étoient les étalons du haras d'Aranjues ; soit attelages de chevaux, de jumens & de mules. Il y a une bibliotheque d'environ quarante à cinquante mille volumes : la sale est fort longue, assez étroite, peu ornée : de distance en distance, il y a des chaises, des tables & des écritoires : elle est ouverte tous les jours depuis neuf heures jusqu'à midi, & depuis trois heures jusqu'à six. Il y vient un assez grand nombre de personnes, & il y en a huit ou dix employés à chercher les livres que l'on demande, & à copier des manuscrits. Cette bibliotheque contribuera beaucoup à augmenter le goût des Sciences & des Belles-Lettres, ou à empêcher leur décadence.

On ne voit aux environs de Madrid de maisons de plaisance que celles qui appartiennent au Roi ; les plus considérables sont le Buenretiro, la Casa-del-Campo, le Pardo, l'Escurial, Saint-Ildefonse & Aranjués, dont j'ai déja parlé.

Le Buenretiro est à l'extrémité orientale de la Ville sur le penchant d'une colline, la vue en est très-agréable. L'Edifice est composé de quatre grands corps de logis flanqués d'un pareil nombre de pavillons. Les appartemens sont vastes. Il y a une belle salle de Comédie. On voit sur un pied d'estal la statue équestre de Philippe II. en bronze. Le parc a plus d'une grande lieue de tour. Il est fort agréable, & on pourroit aisément le rendre plus beau. Dans le terrein le plus élevé du Parc, il y a un étang plus grand que les autres, où l'on a fait venir de l'eau avec beaucoup de dépense : il est bordé de petits pavillons ; les grottes, les étangs, les grandes allées, la verdure & le feuillage épais des arbres rendent le Buenretiro la promenade la plus agréable de Madrid. On voit deux petits hermitages fort jolis & fort décorés, il y en a plusieurs autres aux environs de Madrid, & l'on a dans cette Ville beaucoup de dévotion pour les petites chapelles.

Presque vis-à-vis le Palais Royal de Madrid, au-delà du Mançanarés, est le Casa del-Campo : c'est un assez beau lieu, mais un peu négligé. On voit à l'entrée du jardin la statue équestre de Philippe II. en bronze. On travaille à réparer le bâtiment depuis que le Roi a donné cette maison au Prince des Asturies.

A deux petites lieues de Madrid, sur le chemin de l'Escurial, est le Pardo : le bâtiment est de briques, couvert d'ardoises, environné de fossés, & ne ressemble pas mal à quelques-uns de ces vieux Châteaux que l'on voit dans les campagnes de France. Il n'y a point de jardin, mais il y a un bois de chênes verds, où l'on peut prendre le divertiſſement de la chaſſe.

On ſe rend à l'Eſcurial par un chemin aſſez mauvais : on traverſe des bois taillis où il y a du gibier. L'Eſcurial eſt à ſept lieues de Madrid. C'eſt le plus grand & le plus ſuperbe édifice qu'il y ait dans toute l'Eſpagne & l'un des plus beaux de l'Europe. La ſituation n'eſt point belle : il eſt adoſſé à une montagne aride, bâti dans un lieu ſec & ſtérile. Philippe II. le fit conſtruire en mémoire de la victoire de Saint-Quentin, que ſon armée gagna le jour de ſaint Laurent. Il choiſit cet endroit pour épargner la dépenſe du charroi de la pierre. Cette pierre approche du marbre par ſa dureté ; & par ſa couleur, du granite. L'architrave des portes & des fenêtres eſt d'une ſeule piéce, & ce qu'il y a de plus étonnant dans ce bâtiment, c'eſt qu'un même Roi ait pu amaſſer tant de pierres enſemble, & qu'il en ait joui quatorze ans. Des quatre faces qui compoſent le corps du bâtiment, il n'y en a que deux régulieres : l'appartement du Roi eſt du côté de l'Orient derriere l'Egliſe, & de ce côté-là il empêche la régularité. Les appartemens ſont peu de choſe. Ce qu'il y a de plus beau, c'eſt l'Egliſe, le Couvent & le Collége. L'Egliſe eſt ce qu'il y a de plus remarquable : elle eſt bâtie, comme le reſte, très-ſolidement : elle eſt belle, quoiqu'avec pluſieurs défauts. La principale façade du bâtiment eſt tournée vers l'Occident. La porte eſt ornée de huit colonnes d'ordre dorique : cet ordre en ſupporte un autre qui eſt ionique ; entre ces colonnes ſont les armes du Roi d'Eſpagne, & au-deſſus un ſaint Laurent en habit de Diacre. On traverſe le veſtibule, & l'on entre dans une cour, au fond de laquelle eſt l'Egliſe. Aux deux côtés ſont deux corps de logis d'une architecture noble & ſimple, ornée de pilaſtres qui ont un demi pied de ſaillie. On monte à l'Egliſe par un perron de cinq ou ſix marches, qui tient toute la largeur de la cour. Le portail de l'Egliſe avance en ſaillie ſur le perron : il eſt formé par huit colonnes d'ordre dorique. Ce portail eſt orné de ſix grandes ſtatues qui repréſentent ſix Rois d'Iſraël, dont les deux qu'on voit au milieu, ſont David & Salomon, ſous l'emblême flatteuſe deſquels on a voulu repréſenter Charle-Quint & Philippe II. ſon fils, l'un Roi guerrier, & l'autre Roi pacifique. Aux deux extrémités du portail s'élevent deux tours qui ſervent de clochers, avec une horloge à chacune. L'ordre intérieur de l'Eglise est aussi un ordre dorique : une partie des voûtes est peinte par d'excellentes mains. Les Chapelles sont assez mal disposées. Le chœur est, suivant la Coutume d'Espagne, dans une tribune qui avance depuis la porte de l'Eglise jusqu'au dôme, & qui par conséquent défigure l'Eglise. Le dessous de cette Tribune est fermé par des grilles de fer, & n'a point de communication avec le reste de l'Eglise. C'est-là que se mettent les femmes, à qui il n'est pas permis d'entrer dans le Couvent. Le grand Autel & le Panthéon sont deux piéces achevées, qui méritent une attention particuliere. On monte au maître Autel par seize marches de jaspe, & il n'a été si considérablement élevé, que pour donner la facilité de construire au-dessous le Panthéon. L'Autel est orné par trois ordres d'architectures, dont les chapitaux sont de bronze doré : les marbres les plus précieux & le porphyre y ſont employés : on voit des tableaux d'une beauté achevée, & au-deſſus un Crucifix de bronze, placé entre la ſainte Vierge & l'Apôtre ſaint Jean : ces ſtatues ſont très-bien faites. Le tabernacle qui eſt ſur l'Autel eſt de porphire, de pierres précieuſes & d'or. Le Panthéon eſt un mauſolée pratiqué au-deſſous du maître Autel, & deſtiné pour la ſépulture des Rois & des Reines d'Eſpagne : il eſt bâti en dôme à l'imitation de celui de Rome. Après que l'on a deſcendu quelques marche, on paſſe une porte ſurmontée des armes d'Eſpagne : elles ſont repréſentées par pluſieurs pierres fines raſſemblées avec beaucoup d'art, pour former, par la diverſité de leurs couleurs, le blaſon de ces armes. L'on deſcend enſuite dans le Panthéon par un eſcalier de jaſpe ; les murailles & la voûte ſont revêtues de marbre &

de jaſpe. Le Chapiteau des pilaſtres, qui ſoutiennent le dôme eſt d'ordre corinthien : il eſt de bronze doré, ainſi qu'une friſe de feuillages, qui regne ſur la platte-bande. La voûte eſt de jaſpe ſemée de petites plaques de bronze. L'eſpace qui eſt entre ces pilaſtres eſt occupée en partie par un Autel placé au fond du Panthéon, & ſur lequel eſt un beau Crucifix adoſſé à une pierre de porphire, ſi parfaitement polie, qu'elle redouble les objets. Le reſte de l'eſpace eſt partagé en pluſieurs niches les unes au-deſſus des autres, remplies par des urnes de marbre noir, embellies de moulures de bronze doré : elles ſont ſoutenues par des griffes de Lyon, & celles qui ſont occupées ont des inſcriptions gravées en lettres d'or qui marquent le nom des Rois & des Reines qui y repoſent. Philippe IV y fit tranſporter les corps de Charles-Quint, de Pilippe II, & de Philippe III, & on y a mis celui de leurs ſucceſſeurs. La ſacriſtie eſt remplie de richeſſes immenſes, or, argent & pierreries. Il y a des tableaux des plus excellens Maîtres d'Italie. On en voit pluſieurs autres dans le Couvent. Les Moines, qui ſont Hiéronimites ont pluſieurs cours & pluſieurs cloîtres ; l'une de ces cours, eſt ornée de parterres & de fontaines. Ils ont une très-belle bibliotheque, non-ſeulement par rapport à la beauté du vaiſſeau & des peintures, mais auſſi par rapport au nombre & au choix des Livres. Les Moines n'en font pas d'uſage, ils ſont fort ignorans, ils ne connoiſſent pas les tréſors qu'ils poſſédent, & je n'ai eu ni le tems, ni la facilité d'en faire par moi-même une recherche exacte. Le plus grand mérite de ces Moines eſt d'officier avec dignité & d'être fort riches : ils ſont deux cens, & tous parfaitement bien logés, tandis que le Roi l'eſt fort mal. L'Eſcurial en un mot eſt une belle maſſe de pierres qui renferme de grandes richeſſes & eſt dénué d'agrémens : il n'y a point d'autres jardins que quelques terraſſes fort étroites, qui regnent autour d'une partie du bâtiment.

Saint-Ildefonſe eſt à une petite journée de l'Eſcurial : on traverſe des hautes montagnes, dont le ſommet eſt ſouvent blanchi par les neiges, & ce paſſage s'appelle el Puerto del Frante Frio. Ces montagnes ſéparent la Caſtille nouvelle de la vieille Caſtille. Du haut de ces montagnes on apperçoit Ségovie, & dans un vallon reculé qui s'unit avec la plaine, on découvre Balſaïm & Saint-Ildefonſe. Le chemin, qui étoit autrefois très-difficile, a été racommodé, depuis que le Roi a pris du goût pour cet endroit. Les environs de Balſaïm & de Saint-Ildefonſe ſont couverts d'un bois taillis où le gibier abonde : il y a à Balſaïm une ancienne Maiſon Royale deſtinée pour loger le Roi, lorſqu'il vouloit jouir du plaiſir de la chaſſe, & c'eſt ce qui a donné lieu au Roi de faire bâtir une nouvelle maiſon à une petite demie lieue de Balſaïm, & c'eſt cette Maiſon que l'on appelle Saint-Ildefonſe. Le Palais de Balſaïm eſt très-peu de choſe. On travaille cependant à le racommoder, afin qu'il puiſſe ſervir à loger les Seigneurs de la Cour, lorſque le Roi ira à Saint-Ildefonſe. Je vis à Balſaïm des ateliers où l'on travailloit à des ſtatues de marbre & de fonte. Ce ſont tous des ouvriers François & leurs ouvrages ne démentent point la réputation que ſe ſont faite nos Sculpteurs par les belles ſtatues dont ils ont orné les jardins de Verſailles. Le marbre vient de Genes à Alicant, d'où on le tranſporte par terre à grands frais juſqu'à Balſaïm. Saint-Ildefonſe n'étoit autrefois qu'une petite maiſon qui appartenoit à des Moines qui n'y venoient que pour faire tondre leurs troupeaux. Le Roi les a dédommagés, & a fait augmenter le bâtiment qui eſt très peu de choſe & d'un fort mauvais goût. On a fait venir d'Italie des ſtatues antiques, des colonnes de marbre & des tableaux. Les appartemens ſont ornés; mais les ornemens qui contribuent à augmenter leur beauté, ne peuvent pas le faire par eux ſeuls. Les jardins ont été faits à l'imitation de ceux de Verſailles, mais c'eſt une copie bien éloignée de ſon modéle. Les eaux ſont véritablement plus claires, les jets d'eau ſont plus gros & plus hauts. Les eaux viennent des montagnes voiſines, où on les raſſemble dans de grands réſervoirs. Le jardin eſt adoſſé à ces montagnes, d'où il réſulte pluſieurs inconvéniens. Il a.

fallu, pour le mettre dans l'état où il eſt, faire ſauter des rochers & multiplier les dépenſes; ces montagnes ſont très-hautes & très-grandes : elles bornent la vue, & leur perſpective offuſque & remplit tellement les yeux, que le jardin paroît petit; les baſſins le paroiſſent auſſi, & l'on doute, par réflexion, ſi réellement ils pêchent par ce défaut, ou s'ils paroiſſent ne l'avoir que par le vice de leur ſituation au pied de ces grandes montagnes. Preſque toute l'eau dont les réſervoirs ſe rempliſſent, provient de la fonte des neiges, en ſorte qu'en été, qui eſt le tems que le ſéjour de cet endroit eſt ſupportable, il n'y a pas ſuffiſamment d'eau. Enfin la neige, qui eſt dans ces montagnes, renvoye un froid très-ſubtil & très-dangereux, en ſorte même qu'on ne peut y avoir des fruits, qu'en le cultivant avec de très-grandes précautions.

Je vis l'Escurial & Saint-Ildefonse, sans presqu'allonger mon retour. Je passai ensuite par Ségovie, Valladolid, Bourgs, Vittoria, Saint-Sébastien, le passage de Fontarabie, qui est la derniere place d'Espagne, située vis-à-vis d'Andaye, l'une & l'autre sur les bords de la petite riviere de Bidassoa, qui fait la séparation de la France & de l'Espagne.

On voit à Ségovie le plus beau monument d'antiquité que les Romains nous aient laissé en fait d'acqueducs. On ne peut, si on examine la belle construction, douter qu'il n'ait été fait par les Romains. Diego de Colmenar, qui a fait une histoire de Ségovie, prétend qu'elle a été bâtie par Hispan. Mais des conjectures de cette nature ne méritent pas d'être réfutées, & l'auteur, qui dit qu'on ne peut prouver par aucune inscription qu'il ait été bâti par les Romains, n'en a apporté aucune pour appuyer

puyer ſon ſentiment, qui eſt extrêmement fabuleux. Je l'ai déja remarqué pluſieurs fois, c'eſt le défaut des Hiſtoriens Eſpagnols, de remplir de fables les premiers ſiécles de leur hiſtoire. La Ville eſt ſituée ſur la petite riviere d'Atayada, mais l'eau en eſt mal-ſaine, & & cauſe la paralyſie & l'hydropiſie. C'eſt par cette raiſon, ſans doute, que les anciens y firent venir d'autre eau, en bâtiſſant ce prodigieux acquéduc : il paſſe d'une montagne à l'autre : il eſt plus haut que le pont du Gard : la conſtruction en eſt plus noble & plus hardie : la ſolidité ſe trouve réunie avec la légereté : je n'ai rien vu dans ce genre, qui m'ait paru d'un goût ſi parfait. L'Egliſe Cathédrale eſt dans un goût mi-gothique & mi-arabe : elle eſt bien conſtruite, c'eſt une des plus belle d'Eſpagne, mais on n'y voit rien de ſingulier. Il y a un Hôtel des monnoyes bâti ſur le bord de la petite riviere : c'eſt le plus ancien d'Eſpagne : c'étoit autrefois l'unique : on en a établi un autre à Séville, où il eſt devenu plus néceſſaire depuis la découverte des Indes. Le bâtiment de celui de Ségovie eſt fort grand : par le moyen de pluſieurs roues que l'eau fait tourner, la monnoye eſt diſpoſée comme elle doit être, peſée, fondue, rognée, battue & marquée dans un moment. Cette invention eſt venue d'Inſprack, capitale du Tirol : on n'y travailloit point, lorſque je paſſai par Ségovie. Dans un des quartiers de la Ville des plus élevés, au-deſſus de la Monnoye, eſt l'Alcacar, ou Château Royal. Sa ſituation ſur un Roc le rend fort, & en fait en même-tems un Palais & une Citadelle. Il ſert aujourd'hui à renfermer des priſonniers d'Etat. Les ornemens des ſalles ſont dans un goût mi-moreſque & mi-gothique. La plus belle eſt appellée la Sala de los Reys, parce qu'en haut dans la corniche qui regne au-deſſous de la voûte, ſont les ſtatues de Pélage & de pluſieurs Rois ſes ſucceſſeurs aſſis ſur le Trône : au-deſſus ils ont la ſaillie d'une petite voute pour leur couvrir la tête, en ſorte que chaque figure a une eſpéce de niche. Tout cela eſt très-bien doré, & deſſous chaque figure eſt une inſcription de quatre ou cinq lignes. Le ſéjour des Rois, & les Manufactures de draps enrichiſſent cette Ville ; il s'y fait aujourd'hui très-peu de draps : ce ſont les meilleurs d'Eſpagne. Le terroir eſt propre pour nourrir des brebis qui portent cette laine ſi fine, que les Etrangers achetent des Eſpagnols, & qu'ils leur reportent manufacturée, en ſe faiſant bien payer de leur façon.

On ſe rend à Valladolid, éloignée de Ségovie de deux journées par un

Pays fort mêlé de bon & de mauvais; mais où par-tout les habitans ſont également pauvres.

Philippe III. a preſque toujours fait ſa demeure à Valladolid: on y voit le Palais du Roi, & celui de pluſieurs Seigneurs, mais tous démeublés & tombans en ruine. Les rues ſont longues & larges : la Place Mayor n'eſt pas ſi belle que celle de Madrid : je crois, par ces paroles en exprimer ſuffiſamment la beauté. Le Couvent des Dominicains & leur Collége de Saint-George eſt bâti dans un goût arabe : il y a une infinité de ſculptures très-délicates, mais dont le goût reſſent la barbarie des Nations, qui avoient banni l'architecture des Grecs. Les cloîtres méritent d'être vus, ainſi que l'Egliſe, la ſacriſtie & le tréſor. Le Collége de Sainte-Croix eſt dans un goût ſemblable. Il eſt bien conſtruit & iſolé. L'Egliſe des Jéſuites eſt aſſez belle. Il y a dans cette Ville une Univerſité & un grand nombre d'écoliers fort pauvres & fort à craindre, ſur-tout après neuf heures du ſoir : la façade de l'Univerſité eſt de l'ordre corinthien : on voit entre ſes colonnes les figures des différentes Sciences que l'on y enſeigne : ces figures ſont aſſez bien faites : au-deſſus de la façade ſont les ſtatues des Rois, Fondateurs & Protecteurs de cette Univerſité.

Burgos eſt ſitué ſur la pente d'une montagne, & s'étend dans la plaine juſqu'aux bords d'une petite riviere nommée Arlançon, que l'on paſſe ſur pluſieurs ponts très-bien bâtis : une des portes de la Ville eſt ornée de pluſieurs ſtatues de Rois, placées dans des niches dorées, mais cette porte eſt écraſée & d'un mauvais goût. Cette Ville tient le premier rang dans les Etats des deux Caſtilles, quoique Tolede lui diſpute cet honneur. Au bord de la petite riviere d'Arlançon, il y a de beaux arbres & de belles allées. Hors de la Ville est l'Abbaye de Lassucelgos. On n'y reçoit que des filles de Condition : cette Abbaye est remarquable par les droits de son Abbesse, qui est mîtrée & Dame de plusieurs Villes & Villages. L'Eglise Cathédrale de Burgos est d'un goût moresque : c'est une des plus magnifiques qu'il y ait en Espagne : elle peut passer pour un chef-d'œuvre de l'art, entre les bâtimens qu'on nomme improprement gothiques : elle est ornée de beaucoup de statues, parmi lesquelles il y en a de belles. La grille qui sépare le chœur du maître Autel imite des feuillages, & l'imitation en est fort naturelle. Il faut considérer le portail. En montant sur la droite, on apperçoit les ornemens extérieurs de l'Eglise. Il y a dans le cloître des Augustins une chapelle où eſt un Crucifix, pour lequel on a une dévotion particuliere. Elle eſt ornée de beaucoup d'argenterie; mais c'eſt tout ce qu'il y a de remarquable.

Les montagnes de Burgos ſont entrecoupées de pluſieurs vallées fort agréables, fertiles en fruits, en bled, & propres à nourrir du bétail. Ce Pays eſt fort peuplé, & les Peuples ſont très-attachés à leur Souverain, ſont braves, généreux ou peu préſomptueux, mais ce ſont, ſans contredit, les meilleurs de tous les Eſpagnols. Avant que d'arriver à Vittoria, on traverſe de rudes montagnes, & plus on approche de la frontiere, plus le Pays devient rude & & difficile. Les chaiſes ne paſſent qu'avec de grandes difficultés, & il y a pluſieurs endroits que l'on ne peut monter ou deſcendre qu'avec trois paires de bœufs : on paſſe par pluſieurs Villages fort conſidérables, Salinas, Mondragan, Tolosette & Iron, qui est le dernier. J'envoyai ma Chaise d'Iron à saint Jean de Luz, & je pris des chevaux pour aller voir Saint-Sébastien, le Passage & Fontarabie.

Saint Sébastien est une petite Ville fort ramassée & fort peuplée, située au pied d'une montagne qui lui sert de digue pour la défendre de la Mer, & sur laquelle est une citadelle censée imprenable. Le Port est fermé par deux moles, qui ne laissent d'espace que ce qu'il en faut pour le passage d'un navire. Les Bâtimens sont à l'abri des vents au pied de la montagne qui les couvre : on y a cependant essuyé quelquefois des ouragans si furieux, qu'ils y ont fracassé les Bâtimens, mais ce sont des cas qui n'arrivent que fort rarement. Le Port, la Place de la Ville, qui est fort réguliere, & les fortifications, sont les seules choses qui méritent d'être vues. Le plus grand trafic de Saint-Sébaſtien eſt le fer & l'acier, dont on trouve des mines partout le Pays. Il s'y fait auſſi un commerce de laines qui viennent de la vieille Caſtille, & que l'on emporte par ſac & par balles pour les Pays étrangers. On y a établi en 1728, une Compagnie de Commerce qui enrichira cette Province; elle s'appelle la Compagnie de Guipuſcoa, la biſcaye ſe diviſant en trois partie, l'Alaba, dont Vittoria eſt la Ville principale; la Biſcaye propre, où eſt la Ville de Bilbas, & le Guipuſcoa, où eſt Saint-Sébaſtien. Cette Compagnie doit envoyer tous les ans aux Caraques deux vaiſſeaux de quarante à cinquante piéces de canon, pour y faire le commerce & la courſe, depuis la riviere d'Orinoco, juſqu'à la riviere de la Hacha, le long des côtes de Venezula & de la nouvelle Andalouſie, pour empêcher les Interlopes. La Côte des Caraques est fertile en Cacao, avec quoi se fait le chocolat, dont il se fait une grande consommation en Espagne & dans l'Amérique Espagnole : on tire encore de cette côte de l'argent & des cuirs. Il sera permis aux Facteurs de la Compagnie, qui auront de reste quelque partie de Cacao, de l'envoyer à la Vera-Crux dans les barques destinées à ce Commerce, permis aux habitans de Caraques. Le motif politique de l'établissement de cette Compagnie, outre qu'elle fait fleurir le Commerce & la Marine, c'est que le Roi lui-même y trouve son intérêt particulier, en abandonnant ce Commerce à une Nation brave qui lui payera des droits modérés sur les marchandises, au lieu qu'auparavant, ni le Roi, ni les Espagnols n'en retiroient aucun profit, parce que le Commerce s'y faisoit par les Hollandois en contrebande, en ſorte que le meilleur Cacao de Caraques venoit en Eſpagne par le canal des Hollandois. Ils poſſedent, preſqu'en face de cette Côte, à huit lieues de terre, la petite iſle de Caraco, qui n'a que cinq lieues de large ſur neuf ou dix de long, & qui n'eſt conſidérable que par le négoce que ſa ſituation lui facilite avec le continent. Les Hollandois ont fait des remontrances ſur l'établiſſement de cette Compagnie, mais elles n'ont rien opéré.

Le Paſſage n'eſt qu'un miſérable Village éloigné d'une lieu de Saint-Sébaſtien. Tous les Habitans ſont Matelots ou Charpentiers : ce ſont les femmes qui ſont les Marinieres du Port, c'eſt-à-dire, qu'elles ont de petits bateaux pour paſſer d'un des bords du Port à l'autre bord : c'eſt le plus beau Port qu'il y ait ſur l'Océan. La Mer forme un Golfe entre les montagnes, dont l'entrée eſt aſſez étroite pour la défendre à qui l'on veut. Les vaiſſeaux y entrent haute & baſſe marée, cependant une partie du Port, faute d'être nettoyée, eſt remplie de vaſe & ſe trouve à ſec dans les baſſes marées. Si on le nettoyoit il y tiendroit plus de mille Navire toujours à flot. Je vis, lorſque j'y paſſai, trois Navires de guerre ſur les chantiers. Il y avoit beaucoup de Vaiſſeaux qui appartiennent à des Bourgeois de Saint-Jean-de-Luz: ils les y envoyent pour paſſer l'hyver, le port étant ſûr & commode.

Du Paſſage à Fontarabie, il y a deux grandes lieues: Fontarabie eſt environnée en partie par la Mer, & en partie par des marais, que l'on traverſe ſur une très-grande chauſſée. La ville eſt bien fortifiée, mais il eſt facile de l'attaquer par le côté d'Eſpagne, où elle eſt commandée par des hauteurs. Quoique cette Ville ſoit ſur le bord de la Mer, il n'y a pas de port & même les Matelots ſe tiennent à un Village un peu plus éloigné ſur le bord de la Mer.

Il ſeroit fort utile à un Voyageur de s'ennuyer dans ſa chaiſe par la lecture des ouvrages qui traitent des lieux où il paſſe. Cela ſe peut très-commodément en Eſpagne, où n'y ayant point de poſte pour les chaiſes, on a le tems de ſonger à ſe déſennuyer : une telle lecture ſerviroit d'amuſement & d'inſtruction. Le Pere Gabriel Henao a fait un livre ſur les antiquités de Cantabrie, où il y a une infinité de recherches ſçavantes & curieuſes. C'eſt, je crois, un des Ouvrages qui fait le plus d'honneur à la Nation Eſpagnole.

Il eſt vraiſemblable que la Biſcaye n'a jamais été conquiſe par les Romains. Auguſte fit la guerre aux Cantabres, mais il n'en ſoumit qu'une partie, & obligea l'autre de ſe retirer dans les montagnes & d'y vivre en paix ſans troubles, comme auparavant celle de leurs voiſins. C'eſt la ſeule partie de l'Eſpagne où les Romains n'ayent point introduit l'uſage de leur Langue, les habitans ayant toujours conſervé la leur, il eſt même aſſez difficile de juger à quelle Langue elle doit ſon origine: la plûpart des Auteurs Eſpagnols prétendent qu'elle ne la doit à aucune.

Les richeſſes de la Biſcaye conſiſtent dans le fer, dont il ſe fait un très-grand commerce. On ne voit que forges & moulins qui le préparent. Cette Province fournit des bois pour ſervir à la conſtruction des Vaiſſeaux ; elle fournit encore quelque choſe de plus précieux, ce ſont des hommes courageux & des Matelots adroits : ils ont été de tout tems en réputation de bravoure & de courage. Les anciens Biſcayens ne connoiſſoient d'autre plaiſir que celui de porter les armes : ils ſont actifs, prompts & vigilans. Les femmes & les filles y ſont gaillardes, ſages, vigoureuſes, robuſtes & bienfaites. Les Rois d'Eſpagne ont laiſſé à ces Peuples, moitié de gré & moitié de force, diverſes immunités dont ils jouiſſent; & dont ils ſont extrêmement jaloux. Si l'on en croit une inſcription miſe à un arc de triomphe que l'on dreſſa dans une petite Ville de Biſcaye au paſſage de Charles-Quint & de Philippe II. en 1548, c'eſt des Biſcayens que les Eſpagnols ont appris à naviguer. Cette inſcription eſt rapportée par Jean Chriſtoval Calrete, dans ſon ouvrage intitulé : *El Viage del Principe.* On voyoit repréſentée la figure du Philoſophe Anacharſis, l'ancre à la main, parce qu'on lui en attribue l'invention, au-dessous étoit cette inscription latine par où je finis cet article du voyage d'Espagne.

Gens invicta mari fertur cantabrica, namque
Nullam Euri rabiem, nulla Pericla timet,
Docta per adversos fluctus, ventosque meare,
Et dubiis certa dirigere arte rates.
Exemplo quorum reliqua est Hispania primum
Ausa per insanum ducere vela sanum.

» Les Cantabres ont la réputation d'être invincibles sur la Mer : ils ne craignent ni les dangers, ni la fureur des ondes, les flots & les vents contraires n'empêchent point de naviguer cette Nation habile à conduire de frêles Vaisseaux par un art assuré. C'est à son exemple que les Espagnols ont osé s'embarquer sur un élément perfide.

VOYAGE

VOYAGE

DE PORTUGAL.

J'Ai marqué les progrès de mon voyage jusqu'à Badajos, Ville frontiere de l'Estramadure Espagnole. Pour aller de cette Ville à Lisbonne, on passe par Elvas, Extremos, Arroïolos, Montemor, Venta-Nova & Aldea-Galléga. On peut aussi passer par Villa-Vicosa & Ebora, & alors on laisse sur la droite Extremos & Arroïolos. J'ai fait l'une de ces routes en allant, & l'autre en revenant.

On passe, en sortant de Badajos, sur ce beau Pont qui est sur la Guadiane, & dont j'ai déja parlé. Une lieue plus loin est la petite riviere de Caya, qui fait la séparation de l'Espagne & du Portugal. Les environs d'Elvas sont très-fertiles : la Ville eſt bien fortifiée, ſituée ſur un coteau : les maiſons ſont blanches & fort propres ; c'eſt une des Villes des plus conſidérables qu'il y ait en Portugal. Il y a une citerne fort grande, où il peut contenir ſuffiſamment d'eau pour en fournir toute la Ville pendant ſix mois. L'eau y eſt conduite par un acquéduc élevé dans un endroit aſſez près de la Ville, de quatre arches les unes ſur les autres, mais il n'a rien de rare ni de beau dans ſa conſtruction. Cet aquéduc fut rompu dans le tems des guerres, & a été depuis réparé. Villa-Vicoſa, mot qui ſignifie Ville agréable, avoit appartenu en propre aux Rois de Portugal en qualité de Duc de Bragance. Ils y ont un Palais où ils faiſoient autrefois leur réſidence, & où l'on voit dans une aſſez belle ſalle leurs portraits. Il y a hors de la Ville un Parc rempli de bêtes fauves : il eſt grand environ comme le bois de Boulogne; mais il y a infiniment plus de cerfs & & de biches. Ebora eſt une Ville fort ancienne, bâtie à ce que l'on croit par les Phéniciens qui l'appellerent Ebora, du nom qui ſignifie les fruits, ou les revenus de la terre; cette Ville eſt ſituée dans une campagne un peu inégale, mais fort agréable & très-fertile; on y voit un acquéduc qui fut réparé dans le ſeizieme ſiécle par le Roi Jean III, & que l'on croit avoir été bâti par Sertorius.

Villa-Vicoſa & Ebora ſont, à proprement parler, hors de la route de Badajos à Lisbonne : on doit naturellement paſſer par Extremos & Arroïolos. Extrémos eſt fortifié : la Ville ne renferme rien de ſingulier : On y fait beaucoup de vaſes de terre. Arroïolos eſt un patrimoine des Rois de Portugal, en qualité de Duc de Bragance,

& porte le Titre de Comté. Le territoire de ces deux petites Villes est assez ingrat. De Montemor, qui est un gros Bourg, où il se fabrique beaucoup de chapeaux, jusqu'à Aldea Gallega, le terroir est aride & stérile. Lorsqu'on approche des bords du Tage, on y rencontre des Pins, qui sont assez petits & en petite quantité ; à sept lieues en deçà d'Aldéa Gallega, est Venta nova. C'est une très-misérable vente située au milieu de ces deserts. Le Roi de Portugal y fit bâtir un Palais pour y loger, lorsqu'il se rendit à Elvas, à l'occasion du double mariage fait entre l'Espagne & le Portugal. Ce bâtiment n'est point achevé, il est très-vaste : il y a des écuries pour trois mille chevaux, des cuisines en grand nombre, & d'une grande magnificence. Les cheminées sont au milieu des cuisines, & l'on peut en même tems y mettre des broches des quatre côtés. Les appartemens ſont démeublés : les plafonds en ſont peints. Le Roi n'y a jamais couché que deux fois : l'une en allant & l'autre en revenant. Ce n'eſt à proprement parler qu'une Auberge Royale & magnifique pour l'uſage du Roi & des Seigneurs de la Cour. On s'embarque à Aldea Gallega ſur le Tage qui, dans cet endroit, a trois lieues de traverſe. On paſſe dans de grandes barques. Ce paſſage eſt dangereux, la riviere n'étant pas moins agitée que la mer. Lisbonne s'offre à la vue, bâtie en amphithéâtre. La perſpective en eſt agréable, & cette Ville gagneroit dans l'idée de ceux qui ſe contenteroient de l'appercevoir ſans y aborder. Les rues ſont malpropres & la ſituation de la Ville eſt ſi inégale qu'on y voit très-peu de caroſſes, beaucoup de littieres & de chaiſes roulantes. La fin de l'automne y eſt fort pluvieuſe, &

je m'y ſuis trouvé dans ce tems-là.

Il a paru en 1730, une deſcription de la Ville de Lisbonne, imprimée à Paris ſans nom d'Auteur, en un volume in-douze. Cette deſcription eſt fort exacte & fort judicieuſe : je ne m'étendrai pas ſur cette matiere, puiſqu'elle eſt bien traitée. J'en ferai un extrait fort ſommaire. J'aurois ſouhaité pouvoir dire autant de bien des autres relations que de celle-ci. Je trouve que la jalouſie, qui regne preſque toujours entre les Auteurs qui ont écrit ſur un même ſujet, & qui fait que chacun, uniquement content de ſon ouvrage, déclame contre celui des autres, eſt une paſſion bien puérile, & à mon ſens beaucoup plus déſavantageuſe à celui qui en eſt poſſédé, qu'à celui qui en eſt l'objet. Elle fait ſoupçonner quelquefois un bas intérêt : tout le monde ne travaille pas pour la gloire; & le commerce d'eſprit, où l'on devroit ſe borner dans la République des Lettres, eſt dégénéré en commerce d'intérêt. Si l'on connoiſſoit les circonſtances de certaines négociations faites entre des Auteurs & des Libraires, on ſeroit ſurpris de la différence entre les ſentimens élevés & héroïques d'un Auteur dans ſon ouvrage, & les ſentimens bas & ſordides de ce même homme dans l'uſage de la vie. On ne connoît les hommes à fond que par les affaires d'intérêt. L'intérêt eſt la pierre de touche de l'honneur. Cette jalouſie d'Auteurs fait encore ſoupçonner un homme infatué de lui-même. Il vaudroit mieux ne point faire d'ouvrage & reſter modeſte, que de faire des *in-folio*, & devenir vain. Le premier objet d'un homme qui travaille, doit être ſon inſtruction, le ſecond eſt le plaiſir auquel tout bon Citoyen eſt ſenſible, de ſe rendre utile à ſa Patrie, en communiquant ſes veilles au Public.

On pourroit ici me reprocher que ces réflexions ſont étrangeres à mon ſujet : que m'importe, pourvu qu'elles ſoient vraies ? Je veux, en écrivant, avoir la liberté de produire ce qui me vient à l'eſprit : c'eſt un défaut, ſi l'on veut, mais Montagne l'a rendu ſi agréable dans ſes eſſais, que ſi on pouvoit ſe flatter de l'imiter, je crois qu'on aimeroit mieux l'avoir, que de ne l'avoir point.

L'Auteur de l'ouvrage dont je viens de parler ne s'eſt pas borné ſeulement à la deſcription de Lisbonne. Il traite par autant d'articles différens, de la Cour, du Gouvernement, des mœurs, des troupes & du commerce.

Lisbonne eſt ſituée ſur ſept montagnes au bord du Tage. De-là les alluſions fréquentes que l'on rençontre dans les Auteurs Espagnols & Portugais de Lisbonne à Rome. L'embouchure du Tage a environ une lieue de large ; elle est séparée en deux passes par des rochers cachés sous l'eau, en sorte que les Vaisseaux sont obligés de se rapprocher de terre, & qu'ils ne peuvent entrer ni sortir qu'ils ne passent sous le canon d'une des deux forteresses bâties sur le rivage. Le Port formé par le Tage en face de Lisbonne est fort exposé au Sud, ce qui y cause quelquefois de violentes tempêtes. On en vit un terrible exemple au mois de Novembre 1724. Il y eut cent quatre-vingt Vaisseaux de toute espéce qui échouerent ou périrent sur leurs ancres. Le Tage ne commence d'être navigable qu'à Santerem, qui est à quinze lieues au dessus de Lisbonne. Ce Fleuve se décharge dans la mer, & à trois lieues au-dessous de cette Capitale. Le Palais du Roi eſt au milieu de la Ville ſur les bords du Tage. Sa principale face regne ſur la largeur d'une très-grande place, & ſe termine par un pavillon d'où l'on découvre tout le Port. Les appartemens ſont grands & richement meublés, le Palais eſt irrégulier, & n'a par dehors aucune beauté ſinguliere.

Lisbonne fut diviſée vers l'année 1716, en deux parties, ſous le nom de Partie Orientale & de Partie occidentale. Cette diviſion ſe fit à l'occaſion de la création du Patriarche, dont le Diocèſe conſiſte dans la partie occidentale, & l'Archevêque a conſervé la partie orientale. Depuis cette diviſion, on eſt obligé, ſous peine de nullité, de marquer dans tous les actes, la partie de la Ville dans laquelle ils ont été paſſés. Les Négocians exacts le diſtinguent auſſi ſur les Lettres de change & dans leurs lettres miſſives. Le Siége Patriarchal ſe tient dans la Chapelle du Roi. Outre l'Autel du chœur il y a douze Autels particuliers fort ornés. Les Chanoines ſont mitrés : les cérémonies s'y font avec dignité & magnificence ; le Patriarche, en un mot, eſt le vrai ſinge du Pape. L'Egliſe de ſaint Antoine de Padoue, Patron de Lisbonne, d'où il étoit natif, eſt auprès de la Cathédrale. C'eſt une petite Egliſe fort riche, bâtie dans le même endroit où étoit la maiſon du Saint. Tous les Couvens ſont grands, bien bâtis, richement ornés & curieux à voir. Un des plus remarquable eſt celui de Belem, qui eſt en même tems le nom d'un Bourg, d'un Monaſtere & d'un fort. Le Monaſtere a été le premier, & a donné le nom à tout le reſte. Ce Bourg joint la Ville de Lisbonne, & pourroit en quelque façon en être conſidéré comme un fauxbourg. Il eſt ſitué ſur le bord du Tage :

il y a une tour qui avance dans la riviere & devant laquelle tous les Vaisseaux qui arrivent & qui partent, sont obligés de mouiller pour montrer leur passeport. Il y a à Bélem de belles maisons de Plaisance appellées Quintes. Le Monastere fut fondé par le Roi Emmanuel vers le commencement du seizieme siécle, & l'Eglise fut dédiée à la sainte Vierge sous le titre de la naissance de Notre-Seigneur, en mémoire de quoi on lui donna le nom de Bethléem, dont on a fait Belem. Le Cloître & l'Eglise sont deux bâtimens véritablement royaux, bâtis l'un & l'autre de belles pierres de tailles ouvragées. L'Eglise est un vaste édifice dont la voûte est extrêmement hardie, construite dans le goût Arabe. On y voit les tombeaux de plusieurs Rois de Portugal. Le Roi fait actuellement construire à Mafra, qui est à quatre ou cinq lieues de Lisbonne à mi-chemin de cette Ville à Cintra, un Monastere, une Eglise, un Palais pour le Patriarche, & un autre pour lui-même, tout est, dit-on, de marbre qui se trouve sur les lieux, & sera construit dans le goût de l'architecture Romaine. La plaine qui est aux environs de Cintra, passe pour être la plus délicieuse & la plus fertile de Portugal.

Le Roi Jean V. actuellement regnant, est le petit-fils du Duc de Bragance, le quatrieme Roi, depuis la grande révolution arrivée en 1640; ce Prince est d'une représentation avantageuse & d'une phisionomie heureuse, il est magnifique dans ses habits. Son caractere n'est point aisé à définir. Il est jaloux de la dignité de son Trône & de sa qualité de Roi: il n'a qu'un seul Ministre nommé Diégo de Mendoça Cortéréal, que l'on appelle communément le Secretaire d'Etat. C'eſt un homme d'eſprit, d'une longue expérience, fort aimé & univerſellement eſtimé. Il n'agit juſques dans les plus petites choſes, que par l'ordre du Roi, qui veut entrer en connoiſſance de tout. Don Diégo de Mendoça a un fils fort eſtimé à qui j'étois recommandé, & dont je reçus mille accueils. Le Roi eſt également craint & aimé du Peuple ; mais les Grands le craignent plus qu'ils ne l'aiment. On lui fait dire à ce ſujet que, quoique ſon grand-pere les craignît, que ſon pere les craignît & les aimât, que lui ne les aime, ni ne les craint. Il eſt ferme & rigoureux obſervateur de la Juſtice : il ſe propoſe de faire fleurir les Beaux Arts dans ſon Royaume : il aime beaucoup & trop les cérémonies de l'Egliſe, mais je crois que ce qu'on a dit qu'il diſoit la Meſſe, eſt une calomnie. Il a preſque toujours eu des Maîtreſſe, & on rapporte de lui ce trait ; qu'étant chez une de ſes Maîtreſſes qui lui demandoit une grace extraordinaire, il lui répondit, que cela ne dépendoit point de ſon amant, mais du Roi qui demeure au Terreiro do Paço qui eſt la Place du Palais. Il a fait acheter dans les Pays étrangers une infinité de choſes rares & précieuſes, Tableaux, Statues, Livres & Manuſcrits : mais il paroît, par le peu de ſoin qu'on en a, que ce Prince s'eſt contenté de la réputation qu'il s'eſt faite en les acquérant. Le principe de ces actions eſt, pour le plus ſouvent, la vanité ; quelquefois un entêtement & un caprice, & par conſéquent l'on doit être en réſerve pour applaudir à ſes actions, même à celles qui paroiſſent les plus éclatantes. La Reine eſt grande & fort blanche, elle n'eſt pas belle : elle eſt fort douce & fort pieuſe : j'eus l'honneur de baiſer la main à Leurs Majeſtés, & même d'en recevoir un accueil diſtingué. Le Roi donnoit ce jour-là audience aux Nobles : j'y fus admis avec mon pere. La Reine, le Prince & la Princeſſe nous donnerent chacun en leur appartement une audience particuliere. Le Prince du Bréſil eſt fort bien fait, a l'air vif & aſſuré : il parle fort bien François. La Princeſſe a un peu grandi : on peut dire que c'eſt une petite Princeſſe fort agréable & infiniment ſpirituelle.

Le Roi & la plûpart des Seigneurs portent l'Ordre de Chriſt, qui eſt néanmoins tellement avili, que l'on voit plûſieurs Officiers ſubalternes, même des Marchands, des Commis & des Chirurgiens qui en ſont revêtus. Cet Ordre fut fondé par le Roi Denis I, l'an 1318. Les Chevaliers portent une Croix pendue au col avec un ruban rouge & une

une autre croix ſur leur habit en broderie de ſoie rouge, chargée d'une Croix d'argent. Denis leur donna les terres qui appartenoient aux Templiers. Le Roi communique volontiers cet honneur, pour ſe débarraſſer de ceux qui lui demandent des récompenſes. Il retire d'ailleurs de gros droits pour les proviſions, ſans même faire la dépenſe de la Croix, qui eſt ordinairement fournie par le parrain. Il y a des penſions attachées à ces dignités; mais en augmentant le nombre des Chevaliers, on n'augmente point le fonds aſſigné pour les payer, ce qui fait que les nouveaux Chevaliers ne peuvent monter au dégré de penſionnaires, que par la mort des anciens.

Il n'y a rien de particulier à remarquer ſur la forme du Gouvernement. Il eſt reglé à peu près ſur celui d'Eſpagne, & la Cour de Liſbonne ſemble affecter de se conformer en tout à celle de Madrid, pour ne pas paroître lui être inférieure. L'autorité du Prince est absolue. » il se sert utilement, remar- » que l'Abbé de Vertot, du redou- » table Tribunal de l'inquisition, com- » me du plus sûr instrument de la Po- » litique ».

Le Roi n'a que dix mille hommes d'Infanterie, & trois mille de cavalerie : cela est suffisant pour la défense de son petit Royaume. Le Soldat est assez brave, mais on manque de bons Officiers. Il est difficile de sçavoir au juste les revenus du Roi. L'auteur de la description de Lisbonne qui paroît assez bien instruit, les fait monter à trente-deux ou trente-tois millions de livres, monnoie de france. Ces Revenus augmentent tous les Jours à cause des nouvelles mines que l'on découvre dans le Brésil. Le droit que le Roi tire sur l'or qui se tire de ces mines fait la plus belle partie de ſon revenu, & afin d'éviter les fraudes, on a établi des monnoies dans l'endroit même des mines. La poudre d'or eſt de contrebande, & l'on ne peut en faire ſortir, ſans s'expoſer à des peines très-ſéveres. Les monnoyes de Portugal ſont très-bien frappées : il ne s'en fabrique que peu à Lisbonne.

Il n'y a guères de Nation qui ait pouſſé le commerce plus loin que les Portugais, & qui l'ait ſoutenu avec plus de réputation. Devenus Sujets du Roi d'Eſpagne, ils eurent de redoutables ennemis dans les Hollandois, qui combattoient pour leur liberté, & travailloient à ſecouer le joug des Eſpagnols, lorſque le Portugal commençoit à le ſubir. Le Bréſil leur fut enlevé : ils perdirent une partie de leurs conquêtes aux Indes orientales, dont ces nouveaux ennemis ſe rendirent maîtres, autant par leurs intrigues, que par la force ouverte. Après soixante ans d'une union forcée, le Portugal rentra dans ses premiers droits, mais le coup fatal au commerce des Portugais étoit frappé, & quoiqu'ils soient rentrés depuis en possession du Brésil, le commerce des grandes Indes ne s'est jamais bien rétabli, en sorte que le commerce qui se fait aujourd'hui à Lisbonne, n'est rien en comparaison de celui qui s'y faisoit autrefois, lorsque toutes les richesses du sein Persique, de l'Arabie, des Etats du Mogol, des Côtes de l'Inde, de la Chine & du Japon & de toutes les Isles de cette vaste partie de l'Océan au-delà de la ligne, venoient se rassembler à Goa, la Capitale de leurs conquêtes aux Indes orientales, & arrivoient à Lisbonne sur de nombreuses flottes, pour y être distribuées à toutes les Nations de l'Europe par les mains des Portugais. Le commerce de Portugal, tel qu'il eſt préſentement, ſe fait preſque tout par les Anglois ; ils ſont les Rois de la Mer & du Commerce.

La plûpart des Portugais ſont bazanés : c'eſt l'effet du climat, & encore plus de leur mêlange avec les Noirs, qui eſt fort ordinaire dans le vulgaire. Cette opinion ſe juſtifie par la Nobleſſe, qui n'étant pas ſujette à ce mêlange, conſerve entre elle un fort beau ſang : « Ils ſont, dit l'Auteur de la Deſcrip» tion de Lisbonne, jaloux au ſuprême » degré, diſſimulés, vindicatifs, rail» leurs, vains, & préſomptueux ſans » ſujet, n'ayant, ſi on en excepte la No» bleſſe, qu'une éducation très-médio» cre, la lecture y étant peu en uſage, » & ne voyageant preſque pas ailleurs » qu'au Bréſil, en Afrique, & aux Indes » Orientales. Ces défauts ſont balancés » par d'autres qualités eſtimables : ils

» ont avec beaucoup de vivacité & de » pénétration, un attachement extraor- » dinaire pour leur Prince : ils ſont ſe- » crets, fidèles, amis, généreux, chari- » tables envers leurs parens, & ſobres » dans leur manger : ils ſont magnifique- » ment habillés, ſurtout les femmes, » dont les unes s'habillent à la Françoiſe, » les autres en Amazones, & dans une » diverſité d'autres goûts riches & ga- » lans ». La bonté du climat & la dou- ceur de la vie y rend les Habitans pa- reſſeux. Ils travaillent peu, & ſe bor- nent à une fortune médiocre. « Les Por- » tugais, dit M. l'Abbé de Vertot, ſont » pleins de feu, naturellement fiers & » préſomptueux, attachés à la Religion, » mais plus ſuperſtitieux que dévots. » Tout eſt prodige parmi eux, & le » Ciel, ſi on les en croit, ne manque » jamais de ſe déclarer en leur faveur » d'une maniere extraordinaire ». On peut juger, par le caractere que l'Abbé de Vertot a fait de cette Nation, qu'il ressemble beaucoup à celui des Espagnols : j'ajouterai ici pour dernier trait du caractere des Portugais, la haine implacable & le souverain mépris qu'ils ont pour les Espagnols ; je tracerai ces sentimens par des traits tirés de l'excellent ouvrage des Révolutions de Portugal, par M. l'Abbé de Vertot : « Tel fut » le succès de cette entreprise, dit-il, en » parlant de la révolte des Portugais con» tre les Castillans, qu'on peut dire qui » fut un miracle du secret, soit que l'on » considere le grand nombre & les di» verses qualités des personnes à qui il » fut confié ; mais ce fut une suite natu» relle des sentimens d'aversion que cha» cun d'eux avoit conçu depuis long» tems contre le Gouvernement Espa» gnol ; sentimens que les guerres fré» quentes que ces Peuples, comme voi-

» sins ; ont toujours eues entre eux ; » firent naître dès le commencement de » cette Monarchie, que la concurrence » dans les découvertes des Indes, & de » fréquens démêlés dans le Commerce » avoient fort augmentés, & qui étoient » dégénérés dans une haine violente, » depuis que les Portugais avoient été » soumis à la domination de la Castille. » La haine, dit M. l'Abbé de Vertot » dans un autre endroit, que les Portu- » gais portoient aux Espagnols étoit si » générale, qu'il n'y avoit point de Por- » tugais qui ne fût capable d'un secret » qui avoit pour objet la perte d'un Es- » pagnol. Il représente les Portugais tous » fermes, intrépides, pleins d'ardeur & » d'impatience de se vanger des Espa- » gnols ». Le double mariage qui s'est fait entre les deux Nations rend aujourd'hui ces sentimens moins vifs ; c'est un effet de l'intérêt qu'elles avoient réciproquement de vivre en paix & en bonne intelligence.

La Langue Portugaiſe n'eſt qu'un Dialecte de la Langue Caſtillane. Elle ſemble avoir emprunté quelque choſe du François, s'être en quelques endroits plus éloignée du latin, & en d'autres s'en approcher davantage. Elle a beaucoup de terminaiſons en *aon*. « Par » exemple, ils liſoient ſedit *liaon*, de » ſorte, dit un Auteur, qu'au lieu de » prononcer ces mots, il ſemble qu'on » veuille les avaler, tant il faut ouvrir » la bouche pour les exprimer ».

ROUTE DE SAINT-JEAN-DE-LUZ A PARIS.

LA petite Riviere de Bidaſſoa ſépare l'Eſpagne d'avec la France, & ſon embouchure eſt d'un côté Fontarabie, & de l'autre Andaye. Il y a quelques fortifications à Andaye, mais qui ſont très-peu de choſe. J'allai de-là à Sibourne & à Saint-Jean-de-Luz : c'eſt le Bourg le plus beau & le plus grand qu'il y ait en France, & c'eſt auſſi le plus riche. Ces richeſſes ont été acquiſes par la Pêche de la Morue & de la Baleine, & particuliérement par cette derniere. Les Bourgeois de Saint-Jean-de-Luz ſe ſont adonnés à ce commerce, & ils en ſont aujourd'hui beaucoup plus que les Bayonnois. Ils ſont encore la contre-bande du

Tabac en Eſpagne, & font par-là entrer dans le Royaume environ pour ſix cens mille francs d'eſpeces étrangeres. Il eſt même arrivé que lorſque les Manufactures d'Eſpagne n'ont pas pu fournir à la grande conſommation qui s'eſt faite dans ce Royaume, les Fermiers Eſpagnols en ont fait acheter à Saint-Jean-de-Luz. Je paſſai par Bidere & par Biarrits, deux autres Bourgs ſitués ſur les bords de la Mer. Du côté de Biarrits la Mer eſt remplie de rochers, & y briſe avec un bruit & d'une hauteur qui fait frémir.

Bayonne eſt ſituée à une lieue de la Mer, au confluent de l'Adour & du Nive. Sa ſituation eſt très-agréable : la Ville eſt petite, mais ramaſſée, fort peuplée & fort animée : elle eſt très-bien fortifiée, ſurtout du côté d'Eſpagne. La Citadelle eſt un quarré régulier avec des demi-lunes : c'eſt une des plus fortes qu'il y ait en France : elle eſt ſituée ſur une petite hauteur, d'où elle commande le Port & la Ville. Le Pont de bois qui est sur l'Adour, & qui joint le Fauxbourg Saint-Esprit à la Ville, est très-long & très-beau dans son espece; d'ailleurs, Bayonne n'est pas une Ville où il y ait rien de curieux à voir. La Cathédrale a été bâtie par les Anglois, lorsque la Ville leur appartenoit : elle n'est rentrée sous l'obéissance du Roi de France qu'en 1451, sous le régne de Charles VII. « Depuis, dit André Duchêne, » les effets de son obéissance ont tou» jours été les véritables cachets qui ont » scellé sa fidélité envers ce Royaume ». Un des principaux Bourgeois de Bayonne me disoit qu'il ne croyoit pas que le bâtiment de l'Eglise Cathédrale eût été conduit par un seul & même Architecte. Il admiroit la hauteur de la nef & la délicatesse des piliers qui la soutiennent. Il étoit choqué de voir à un bâtiment si léger une porte & un portique bas & écrasé. La plûpart des Eglises construites par les Anglois, sont dans ce goût. Depuis la destruction de l'Empire Romain, les Goths, les Sarrasins & les Anglois, jouerent successivement en Europe les premiers rôles. Les Goths y introduisirent le goût de leur Architecture, les Sarrasins & les Arabes y introduisirent celui de la leur. J'ai déja marqué la diversité & la contrariété de ces goûts : les Anglois firent un mêlange de l'un & de l'autre. Ces Insulaires sont naturellement barbares & bisarres. Ce n'est que depuis peu qu'on les voit créer & produire ; ils n'avoient fait jusqu'à ces derniers tems que jouir des productions étrangeres, & adopter ce qui étoit de leur goût. C'est ainsi que leur Langue est un composé de toutes les autres : elle est riche & féconde ; mais qu'elle est bisarre, que sa prononciation est capricieuse ! On reconnoît dans le goût des bâtimens, dans la Langue, dans les moindres choses, l'esprit d'une Nation.

Lorsque j'étois à Bayonne, j'y vis lancer un Vaisseau à l'eau. Il étoit percé pour cinquante-six pieces de canon. C'étoit la Compagnie des Caraques qui l'avoit fait construire, & j'en fus, & j'en suis encore surpris. Il auroit été beaucoup plus convenable pour cette Compagnie de le faire construire au Passage. Le bois & le fer y sont à meilleur marché qu'à Bayonne ; d'ailleurs, la Barre de Bayonne est si mauvaise qu'on court des risques en faisant sortir un si grand Vaisseau. On travaille à réparer la Barre, mais il m'a paru que les travaux n'avançoient gueres, & je doute que ce qu'on y fera puisse résister à la Mer qui est furieuse dans cet endroit là. Pour peu qu'elle soit agitée, la Barre est écumante, les flots s'y brisent avec violence, & elle reſſemble moins à l'entrée d'un Port, qu'à une côte perdue. Le Vaiſſeau que j'ai vu lancer étoit doublé d'une façon ſinguliere : entre le corps du Vaiſſeau & le doublage, qui ne conſiſtoit que dans des planches de ſapin très-minces, il y avoit une eſpece de maſtic fait avec de la chaux très-fine & de l'huile de Balcine. Ce maſtic eſt mortel pour les Vers, & il eſt mis pour les empêcher de pénétrer au-delà du doublage. Ce Vaiſſeau avoit la poupe du côté de l'eau ; il étoit ſur une eſpece de lit qui coula avec lui. Trois paires de Bœufs lui donnerent le premier mouvement. Il coula enſuite de lui même : en entrant dans la Riviere, il fit remonter l'eau ſur le rivage, où elle baigna ſur les jambes de ceux qui regardoient. Le Vaiſſeau panchoit un peu plus d'un côté que d'un autre, ce que pluſieurs perſonnes attribuoient à ce que le Vaiſſeau ayant été conſtruit en été, dans un endroit exposé au ſoleil, le ſoleil avoit deſſéché le bois d'un côté.

Le commerce qui ſe fait à Bayonne eſt fort conſidérable : le long des bords du Gave qui ſe jette dans l'Adour, le Pays eſt fertile en vignobles, les vins d'Anglet & de Cap-Breton, l'un blanc, l'autre rouge, l'un qui vient ſur la gauche de la Riviere, vers ſon embouchure, & l'autre vis-à-vis ſur la droite, l'un & l'autre dans des ſables, ſont d'excellens vins. Il vient à Bayonne tous les ans pluſieurs Vaiſſeaux Hollandois, qui en partent chargés de vin. Le commerce des laines eſt le plus floriſſant à Bayonne : c'eſt par Bayonne que paſſent preſque toutes les laines d'Eſpagne dont on a indiſpenſablement beſoin pour les Manufactures de Draps fins. Les Bayonnois envoyent encore à la pêche de la Baleine & de la Morue, & aux Iſles de l'Amérique.

Pour aller de Bayonne à Bordeaux, on traverſe un Pays de ſables, que l'on appelle communément les grandes Landes de Bordeaux : elles ſont preſque ſtériles. On n'y trouve guère que des pins dont on tire de la réſine. Quand on approche de Bordeaux, tout s'embellit ; les environs de cette Ville ſont fertiles, ſur-tout en vignobles. Sa ſituation ſur les bords de la Garonne eſt admirable. Cette Riviere eſt preſque toujours couverte de Vaiſſeaux qui viennent y charger des vins & des eaux-de-vie. Le Château-Trompette eſt ſur ſes bords ; il a ſix baſtions bien revêtus : on n'a rien épargné de ce qui pouvoit contribuer à la force & à la beauté de ce Château. Au reſte, la Ville eſt mal percée : les rues ſont étroites, les maiſons mal bâties. Le Palais où s'aſſemble le Parlement étoit le Palais des anciens Ducs de Guyenne : il ne renferme rien de remarquable. L'Egliſe

Cathédrale est grande, & la voûte de la nef est fort large. Le Palais Archiepiscopal est fort beau : c'est la plus belle Maison qu'il y ait à Bordeaux.

Je descendis la Riviere depuis Bordeaux jusqu'à Blaye, qui en est à sept lieues, je passai par le Bec d'Ambés. C'est ainsi qu'on appelle l'endroit où la Dordogne se joint à la Garonne. Ce trajet passe pour être dangereux ; mais lorsque j'y passai, la Riviere étoit tranquille. On apperçoit Libourne qui est située sur la Dordogne, d'une maniere avantageuse pour le commerce : mais Bordeaux se l'est attiré tout entier, & est devenu comme le dépôt des propres marchandises de cette Ville & de son Territoire. Blaye est située sur la Gironde, c'est-à-dire, sur cette Riviere formée par l'union de la Garonne & de la Dordogne. Son commerce consiste en vins rouges & vins blancs, qu'on reeille dans son Territoire, qui, à la vérité, ne sont pas aussi bons que ceux de Bordeaux, mais aussi qui se vendent beaucoup moins, ce qui y attire quelques Vaisseaux Etrangers, & particuliérement quantité de Barques de Bretagne, où on les préfére aux vins des autres Cantons de la Guyenne. Il y a à Blaye une Forteresse considérable qui domine sur la Riviere ; elle est très-forte, mais je la trouvai trop grande : vis à-vis, sur l'autre bord, est le Fort de Médoc, que j'allai voir. Il consiste en quatre bastions & une demi-lune du côté de la Campagne. Ce Fort est dans un assez mauvais état, mais il peut être rétabli en deux fois vingt-quatre heures. Au milieu de la Riviere, qui dans cet endroit a une lieue de large, est dans une Isle le Fort du Pâté, ainsi appellé, à cause de sa figure. C'est une espece de Tour ronde, peu élevée, d'une belle construction, sur laquelle il y a une batterie de seize canons; au-dessous il y a une espece de chemin couvert, & une batterie à fleur d'eau. La Riviere rouge mine l'Isle sur laquelle est ce Fort, & l'on s'y prend assez mal pour en arrêter les progrès : il faudroit établir autour du chemin couvert une muraille au moins à quinze pieds en terre, bâtie sur pilotis, l'eau mineroit jusques-là, & qu'importe, cela seroit moins coûteux que ce que l'on fait, & plus sûr. On envoie là un détachement d'un Sergent & de huit Soldats de la garnison du Château de Blaye. Le Fort de Médoc est gardé par des Invalides.

Mon dessein étoit de me rendre à Limoges : j'avois mandé un Voiturier qui m'attendoit à Blaye. Je passai par Montandre, & le sixieme jour j'arrivai à Limoges, après avoir passé par Chassenevil, Chabanois & Saint-Junien. Ce chemin est fort rude & fort mauvais en hyver ; sur-tout du côté de Barbesieux. Les vins & les eaux-de-vie sont le plus important commerce de l'Angoumois. Les Manufactures de Papier, quoique beaucoup déchues de la réputation qu'elles avoient autrefois dans les Pays Etrangers, ne laissent pas d'en fournir encore aux Hollandois. Le Limousin est beaucoup moins fertile que l'Angoumois ; il n'y a des vins que dans quelques cantons, du froment presque nulle part. Le seigle, l'orge & les chataignes, servent le plus communément de nourriture à ses Habitans. Le commerce des bestiaux, particuliérement des bêtes à corne & des chevaux, qui sont fort estimés, fait la principale richesse du Pays. Il est coupé de collines, & traversé par une infinité de petits ruisseaux ; & c'est ce qui le rend si propre pour la nourriture du bétail. La stérilité de cette Province, & l'inclination que les Habitans ont pour le travail, en fait sortir tous les ans plusieurs milliers qui se répandent dans le Royaume par-tout où il y a des Atteliers, & qui retournent chez eux un peu avant l'hyver, pour porter à leur famille un secours que leur Patrie leur refusoit, & qui leur tient lieu du négoce qui enrichit les autres Provinces.

Limoges est située en partie sur la croupe d'une petite colline. La Cathédrale seroit une belle Eglise, dans le goût mi-gothique & mi-Arabe, si elle étoit finie. Le Séminaire est un assez beau bâtiment. Il y a vers l'une des extrémités de la Ville une promenade assez belle. L'Abbaye de Saint Martial est remarquable par son antiquité. Les rues sont étroites : il y a plusieurs Places avec leurs Fontaines. L'air y est fort pur, & sa subtilité peut contribuer à y rendre les Habitans grands mangeurs. Aussi y aime-t-on beaucoup la bonne chere ; le sexe y est assez beau & assez vif.

Quoique la Vienne qui passe à Limoges ne soit pas navigable, & que l'éloignement de la Mer lui rende impossible le commerce que les Villes situées sur les côtes font ordinairement au dehors avec l'Etranger ; l'industrie & le grand travail de ses Habitans lui en ont fait au dedans du Royaume un assez considérable par les diverses correspondances qu'ils y entretiennent, & par l'Entrepôt établi dans leur Ville pour la plûpart des marchandises qui vont de Paris à Toulouse, ou de Toulouse à Paris, & de celles qui vont de Lyon à Bordeaux, & de Bordeaux à Lyon.

J'allai de Limoges à Poitiers. Je mis trois jours pour faire cette traverse. Le chemin est très-mauvais, & le Pays n'est guères meilleur. Poitiers est une grande vilaine Ville ; les Bénédictins viennent d'y bâtir une Eglise où il y a du beau; mais dont le total est assez mal entendu. Dans une cour à côté il y a un ancien Mausolée d'une forme pyramidale. Il est difficile de conjecturer ce que ce pouvoit être. Près de ce Couvent est le cours de quatre rangs d'arbres à côté du Clain, qui arrose une belle prairie. Je montai à Saint Pierre, grand bâtiment gothique; j'allai voir Saint Hilaire, qui est une Eglise de quinquoi, mais qui a l'air grand & auguste. Je passai par la Place Royale, où est la Statue pédestre de Louis XIV en bronze.

Les endroits les plus remarquables de la route de Poitiers à Paris, sont Chatelleraud, Loches, Pontbroy, Blois & Orléans. On ne doit pas négliger de voir près de Blois le Château de Chambord.

Chatelleraud est situé dans un Pays fertile, sur les bords de la Vienne, qui dans cet endroit eſt navigable : on la paſſe ſur un magnifique Pont de pierre, long de deux cents trente pas, & large de ſoixante-cinq. Cette-Ville eſt renommée par l'excellence des ouvrages de Coutellerie qui s'y font en grande quantité.

« La Ville de Loches, dit André Du-
» cheſne, dont j'emploie librement les
» paroles, quoiqu'elles reſſentent l'an-
» tiquité, ſiſe en Touraine, ſur la Ri-
» viere d'Indre, eſt une piece de l'an-
» cien patrimoine des Comtes d'Anjou :
» le Château, l'une de leurs demeures,
» le donjon, la garde & le logis de
» leurs Priſonniers, & de tous ceux
» deſquels ils vouloient s'aſſûrer, or eſt
» ce Château ſi ſpacieux en aſſiete, ſi
» rare en beauté, ſi gracieux en ſéjour,
» & ſi fort en défenſes, qu'il n'a guères
» ſon pareil en tout le Royaume. La na-
» ture & l'artifice mettent cette Forte-

» resse en réputation d'une des plus for-
» tes, belles & bonnes Places de la Fran-
» ce. On a fait état de cette Place pen-
» dant la grandeur & autorité des An-
» glois parmi nous, comme si elle eût
» été en l'Epicicle de Mars, à l'abri des
» coups du Ciel & des violences de la
» terre. Le Roi d'Angleterre même, à la
» fortune duquel les choses impossibles
» se sont pour un tems rendues possibles,
» avoua & confessa ingénuement qu'elle
» étoit imprenable : elle est sur le som-
» met d'un haut rocher, les fossés sont
» précipices de tous côtés.... ses défen-
» ses, plusieurs grosses tours bien flan-
» quées, & n'y a qu'une avenue du
» côté de l'Orient, mais si mal aisée,
» qu'elle ne se peut gagner, étant ar-
» mée d'un magnifique & superbe Por-
» tail, fossoyée, retranchée, & flan-
» quée avec avantage ». Cette description du Château de Loches est pompeu-

se. Le vrai est qu'il est fort par sa situation, qu'il paroît plus beau en dehors qu'il ne l'est en dedans, étant rempli de chétives maisons, qui appartiennent aux Chanoines d'une Eglise, où l'on voit le Tombeau de la belle Agnès. « C'est en » cette Eglise, dit André Duchesne, que » fut enterrée Agnès Sorelle, Dame de » Beaulieu, & surnommée par excel» lence la belle Agnès, pour ce que, » comme dit Montrelec, entre les plus » belles, elle étoit la plus belle, & à l'a» mour de laquelle on dit que s'adonna » Charles VII, au grand mépris de ses » affaires........ Le Tombeau de cette » Dame est fort magnifique, fait & ci» zelé, tout de marbre noir, sa figure » au-dessus de marbre blanc, bien tail» lée........ Deux Anges tiennent un » oreiller sur lequel repose sa têre; au » bas deux Agneaux à ses pieds....... » auprès une table de cuivre attachée

» contre un pilier, où se voyent gra-
» vés son Epitaphe & ses Armes, for-
» mées sur le rapport de son nom ; sça-
» voir, est un Sureau de sable en champ
» d'argent ». Je montai sur le donjon du Château, dont la vue est fort étendue. Dans ce donjon il y a une loge de bois, revêtue de fer, un moulin à bras, plusieurs chambres; au reste c'est misere.

Pont-le-Roi est un Village où il y a un riche Couvent de Bénédictins. Leur Eglise est peu de chose. Ils font bâtir un Couvent magnifique, qui étoit déja assez avancé, & que l'on découvre de loin. Ils ont un College dont le corps-de-logis est assez beau.

Avant que d'arriver à Blois, on cotoye la Loire sur une levée faite pour prévenir les débordemens de ce fleuve. Elle seroit encore plus magnifique, si elle étoit un peu plus large, & bordée de bornes. Les bords de la Loire sont très-riches; on y voit beaucoup de maisons, toutes couvertes d'ardoises. Blois est au-delà de la Riviere, que l'on traverse sur un Pont nouvellement construit; c'est le plus beau qu'il y ait en France, plus beau que ceux que l'on voit à Paris. « La Ville, dit André Duchesne, est pratiquée partie sur un coupeau de montagnette, partie en la pleine campagne, elle a le Ciel serein & tempéré, le sol fécond, le vin, le bled, le bois, les eaux, les fruits en très-grande fertilité ». L'Eglise Cathédrale est située sur la partie de la Ville la plus élevée. Elle paroît de loin plus belle qu'elle ne l'est. Je me promenai sur la belle terrasse de l'Evêché : le Château Royal a été refait en partie par Gaston, Duc d'Orléans : le dessein en étoit fort beau, mais on ne l'a point fini : il n'est que commencé, & déja à moitié détruit.

Environ à trois lieues de Blois est le Château de Chambord, qui n'a jamais été entiérement achevé. Il est situé au milieu d'une forêt où il y a beaucoup de Cerfs : il n'y a point de Jardin. Le terrein est marécageux, & assez mal sain. Ce Château est fort beau, d'une construction fort recherchée. On reconnoît bien qu'il a été bâti dans un tems où le bon goût de l'Architecture ne faisoit que renaître, & n'étoit pas encore épuré. Il y a beaucoup d'ornemens qui tiennent du colifichet, sur-tout aux cheminées & aux guérites ; l'escalier est d'une construction singuliere, en ce qu'il est double, se retournant l'un au-dessus de l'autre en forme spirale, ensorte qu'on peut monter & descendre sans se rencontrer. C'est ce qu'André Duchesne exprime, en disant : « qu'un de ses » côtés est ingénieusement dérobé de » l'autre ». Ce Château, si l'on ne conſidére que les ornemens, & que l'on faſſe abſtraction de la ſolidité de ſa conſtruction, ne reſſemble pas mal à un château de cartes.

Le chemin depuis Blois juſqu'à Orléans eſt fort beau, & preſque tout pavé. Orléans eſt ſitué ſur les bords de la Loire, que l'on paſſe ſur un Pont qui aboutit à un beau quai. Sur ce Pont eſt la Statue de la Vierge, tenant un Chriſt prêt à être enſeveli. D'un côté eſt à genoux le Roi Charles VII, & de l'autre la Pucelle d'Orléans, armée, bottée & éperonnée comme un Cavalier. La Ville eſt grande, & les rues ſont fort larges & fort belles. Le plus bel édifice eſt l'Egliſe Cathédrale, dédiée à JESUS-CHRIST crucifié, ſous le titre de Sainte-Croix. C'eſt un très-beau Vaiſſeau légérement conſtruit. On voit dans la partie qui eſt achevée toute la délicateſſe & toute la beauté dont eſt ſuſceptible le goût Arabe,

La Ville d'Orléans eſt l'Entrepôt de toutes les marchandiſes qui ſe transportent par la Loire, & dont la plus grande partie eſt deſtinée pour Paris, où on les conduit par les voitures de terre, & par la commodité des canaux. Les marchandiſes dont il s'y fait le plus grand commerce, ſont les vins, les eaux-de-vie, les bleds & les épiceries : de ces quatre, c'eſt le négoce des vins qui eſt le plus conſidérable. On tire de la Rochelle & de Bretagne les ſucres bruts, qui s'y raffinent auſſi parfaitement qu'en aucun lieu de France. La Manufacture des Bas y a toujours été très-conſidérable : il s'en fait de deux ſortes ; ſçavoir, des bas au tricot, ou à l'Eguille, & des bas au métier : la Fabrique des premiers y eſt ancienne & très-eſtimée : la Fabrique des Bas au métier y eſt moderne, & cependant commence à étouffer celle des Bas à l'éguille, qui, à la vérité, ſont bien meilleurs

meilleurs, mais qui ne ſe fabriquant pas avec la même facilité que ceux au métier, ne peuvent ſe donner à auſſi bon marché.

La route de Paris à Orléans eſt la plus belle & la mieux entretenue qu'il y ait en France. Le nombre des Rouliers dont cette route eſt ſans-ceſſe couverte eſt ſi extraordinaire, que pour ne pas laiſſer dépérir les grands chemins, on a été obligé de fixer la charge de leurs voitures; & lorſqu'ils vont à vuide, on les oblige de charger du pavé & du ſable, dont le tranſport ſeroit autrement très-coûteux, & qui eſt néceſſaire pour la réparation & l'entretien du chemin.

J'arrivai à Paris le 6 Février 1730. J'ai été occupé depuis ce tems à finir la traduction d'un Ouvrage Eſpagnol, qui a pour titre: « Réflexions Politiques de » Baltazar Gracian, ſur les plus grands » Princes, & particuliérement ſur Fer-

» dinand-le-Catholique, avec des No-
» tes hiſtoriques & critiques ». J'avois commencé cette traduction durant mon Voyage d'Eſpagne. J'ai eu le tems de lire dans ma Chaiſe pluſieurs Auteurs Eſpagnols. Gracian en a été un. De tous ſes Ouvrages, le plus court & le plus hiſtorique, eſt celui que j'ai traduit. Il m'a donné lieu de m'inſtruire ſur une infinité de traits, & ce fut cette raiſon qui me donna l'envie de le traduire. Loin de l'idolâtrer, cet Ouvrage, je crois avoir ſuffiſamment fait ſentir que j'en avois apperçu les défauts; ce qui même a fait dire à un Eſpagnol, que je n'avois traduit Gracian que pour le critiquer. Cette traduction m'a occupé pendant un tems aſſez conſidérable, trop long, lorſque je ſonge que j'aurois dû l'employer à la Relation de mon Voyage, qui m'étoit un Ouvrage plus important;

& trop court pour rendre cette traduction curieuſe & inſtructive par toutes les recherches dont les Notes étoient ſuſceptibles. J'ai été depuis occupé à travailler ma Relation. Je la commençai dans le deſſein de la renfermer dans les bornes d'un très-petit Volume : elle eſt devenue plus conſidérable que je ne penſois, & je n'ai cependant fait qu'effleurer les Matieres. J'ai reſſenti pluſieurs fois que pour faire une parfaite Relation, il faudroit un concours prodigieux de connoiſſances, un goût exquis, & un coup-d'œil juſte, ce qui ne s'acquiert d'ordinaire que par une expérience conſommée. Un Voyageur doit examiner tout, & en parler en termes propres, courts & intelligibles. Je n'ai épargné ni ſoins, ni veilles ; & quoique le ſuccès n'y réponde point, loin de regretter ma peine, je la chéris, puiſqu'elle me procure l'honneur de vous assûrer de l'attachement inviolable, & du profond respect avec lequel je suis,

MONSEIGNEUR,

De Votre Grandeur,

Le très-humble & très-obéissant Serviteur.

Fin du quatrieme & dernier Volume.

PRIVILEGE DU ROI.

LOUIS, par la grace de Dieu, Roi de France & de Navarre : A nos amés & féaux Conseillers les Gens tenans nos Cours de Parlement, Maîtres des Requêtes ordinaires de notre Hôtel, Grand-Conseil, Prevôt de Paris, Baillifs, Sénéchaux, leurs Lieutenans Civils, & autres nos Justiciers qu'il appartiendra; SALUT. Notre amé, Joseph MERLIN, Libraire, Nous a fait exposer qu'il desireroit faire imprimer & donner au Public un Ouvrage intitulé : *Voyage, de Paris en Italie, en Espagne & en Portugal, par M. de S****, s'il Nous plaisoit lui accorder nos Lettres de Privilége pour ce nécessaires. A CES CAUSES, voulant favorablement traiter l'Exposant, Nous lui avons permis & permettons, par ces Présentes, de faire imprimer ledit Ouvrage autant de fois que bon lui semblera, de le vendre, faire vendre & débiter partout notre Royaume, pendant le tems de six années consécutives, à compter du jour de la date des Présentes. Faisons défenses à tous Imprimeurs, Libraires & autres personnes, de quelque qualité & condition qu'elles soient, d'en introduire d'impression étrangere dans aucun lieu de notre obéissance, comme aussi d'imprimer, ou faire imprimer, vendre, faire vendre, débiter ni contrefaire ledit Ouvrage, ni d'en faire aucun Extrait, sous quelque prétexte que ce puisse être, sans la permission expresse & par écrit dudit Exposant, ou de ceux qui auront droit de lui, à peine de confiscation des Exemplaires contrefaits, de trois mille livres d'amende contre chacun des contrevenans, dont un tiers à Nous, un tiers à l'Hôtel-Dieu de Paris, & l'autre tiers audit Exposant, ou à celui qui aura droit de lui. & de tous dépens, dommages & intérêts; à la charge que ces Présentes seront enregistrées tout au long sur le Registre de la Communauté des Imprimeurs & Libraires de Paris, dans trois mois de la date d'icelles; que l'impression dudit Ouvrage sera faite dans notre Royaume, & non ailleurs, en beau papier & beaux caractères, conformément aux Réglemens de la Librairie, & notamment à celui du 10 Avril 1725, à peine de déchéance du présent Privilege; qu'avant de l'exposer en vente, le Manuscrit qui aura servi de copie à l'impression dudit Ouvrage, sera remis dans le même état où l'Approbation y aura été donnée, ès mains de notre très-cher & féal Chevalier Chancelier Garde des Sceaux de France, le Sieur de Maupeou; qu'il en sera ensuite remis deux Exemplaires dans notre Bibliothéque publique, un dans celle de notre Château du Louvre, & un dans celle dudit sieur de Maupeou; le tout à peine de nullité des Présentes; du contenu desquelles vous mandons & enjoignons de faire jouir ledit Exposant & ses ayans causes, pleinement & paisiblement, sans souffrir qu'il leur soit fait aucun trouble ou empêchement. Voulons que la copie des Présentes, qui sera imprimée tout au long au commencement ou à la fin dudit

Ouvrage, soit tenue pour duement signifiée; & qu'aux copies collationnées par l'un de nos amés & féaux Conseillers, Secrétaires, foi soit ajoutée comme à l'original. Commandons au premier notre Huissier ou Sergent sur ce requis, de faire pour l'exécution d'icelles, tous actes requis & nécessaires, sans demander autre permission, & nonobstant clameur de Haro, Charte Normande, & Lettres à ce contraires. CAR tel est notre plaisir. DONNÉ à Paris, le Mercredi treiziéme jour du mois de Décembre, l'an de grace mil sept cent soixante-neuf, & de notre Regne le cinquante-cinquiéme. Par le Roi en son Conseil.

Signé, LE BEGUE.

Registré sur le Registre XVIII de la Chambre Royale & Syndicale des Imprimeurs Libraires de Paris, N°. 903, Fol. 98, *conformément au Réglement de 1723. A Paris, ce 11 Janvier mil sept cent soixante-dix.*

BABUTY, Adjoint.

De l'Imprimerie de P. G. SIMON, Imprimeur du Parlement, 1770.

www.ingramcontent.com/pod-product-compliance
Lightning Source LLC
LaVergne TN
LVHW020603230826
846091LV00002B/581

* 9 7 8 2 3 2 9 3 7 4 8 1 9 *